MANGER SAINEMENT...

JACQUELINE GAUTHEY-URWYLER

MANGER SAINEMENT...

POUR BIEN SE PORTER

*

MANGER ET GUÉRIR

DELACHAUX ET NIESTLÉ ÉDITEURS, NEUCHÂTEL-PARIS

Le présent ouvrage, a été publié en Suisse sous forme de deux livres distincts:
Manger sainement pour bien se porter
Manger et guérir.

Nous les avons réunies en un seul volume pour l'édition destinée à la France, la Belgique et au Canada en les remaniant afin d'éviter toute répétition inutile, notamment en ce qui concerne les conseils et recettes. Toutefois, malgré le soin apporté à ce travail, il se peut que subsistent encore quelques redites et le lecteur voudra bien nous en excuser.

Les éditeurs

Toute importation en Suisse de ce titre est strictement INTERDITE.

Si vous désirez être tenu au courant des publications de l'éditeur de cet ouvrage, il vous suffit d'envoyer votre adresse, en mentionnant le pays, aux éditions

DELACHAUX & NIESTLÉ,
Service promotion,
79, route d'Oron,
CH - 1000 LAUSANNE 21.

Vous recevrez régulièrement, sans engagement de votre part, nos catalogues et une information sur toutes les nouveautés que vous trouverez chez votre libraire.

ISBN 2-603-00531-6

Première partie

MANGER SAINEMENT...

pour bien se porter

CHAPITRE I

Conseils de A à Z

à l'intention des maîtresses de maison
soucieuses d'améliorer la santé de leur famille

Une graine jetée en bonne terre, produit
Un principe jeté dans un bon esprit, produit.

Blaise Pascal

CONSEILS DE A À Z

A) Employer peu de lait, toujours cru (lait de ferme [1]) et coupé d'eau. La ration quotidienne normale est de ½ litre. Les yogourts – ou yaourts – doivent être faits à partir de lait non coupé.

B) Sachez que la consommation de 10 à 30 g de beurre de table par jour et par personne ne fait pas de mal, mais il ne faut pas oublier de tenir compte du beurre contenu dans le lait (40 g par litre), les fromages et la crème. En revanche, une ration quotidienne de 50 g de beurre est mal supportée (allergie, rhumatisme, cholestérol, artériosclérose, etc.).

C) Salez peu vos aliments... et avec du sel marin.

D) Manger de la viande 3 ou 4 fois par semaine – en la remplaçant une fois par du poisson – est raisonnable et constitue un apport suffisant de protéines animales nécessaires à votre alimentation.

E) Pour sucrer vos desserts, ayez de préférence recours au miel ou au sucre de fruits. Incorporez ces ingrédients *après* la cuisson s'il s'agit d'une préparation qui doit être cuite.

F) N'oubliez pas que le miel perd toutes ses vertus au-delà d'une température de 26°. C'est non seulement un aliment sain, complet et facilement assimilable – même par les bébés – mais son pouvoir bactéricide est puissant. En effet, aucune culture de bacilles ne résiste plus de 72 heures à l'action du miel.

G) Les céréales crues et cuites doivent figurer *tous les jours* à votre menu. Pensez-y! Par ailleurs, une cure de blé germé pratiquée pendant six semaines, deux fois par année, est extrêmement recommandée.

H) Tous les repas doivent commencer par la consommation de crudités.

I) En guise d'assaisonnement, utilisez plutôt des herbes aromatiques fraîches ou sèches. Délicieuses, saines et riches en vitamines, il en existe pour tous les goûts: persil, estragon, cresson, cerfeuil, sarriette, thym,

[1] Egalement en vente dans les commerces de produits diététiques.

romarin, marjolaine, ciboulette, basilic, aneth, etc. Evitez de les cuire si vous voulez conserver leurs vertus. Servez-vous aussi d'ail, de genièvre, de raifort, de cumin, etc.

J) Cuisez les légumes à la vapeur et aussi peu que possible: c'est la seule façon de ne pas détruire leurs vitamines. Utilisez autant que possible des marmites ou casseroles conçues pour la cuisson à basse température, soit *à moins de 100°* (attention: les autocuiseurs cuisent les aliments à 120°!).

K) Presque tous les légumes cultivés chez nous peuvent se consommer crus ou en salade: tomates, fenouils, choux, choux-raves, céleris, carottes, endives, radis, petits pois, laitues, asperges, etc. Il en va de même pour les champignons.

L) Préférez les aliments naturels aux aliments dénaturés (par exemple, préférez le riz complet au riz glacé).

M) N'abusez pas des potages.

N) Donnez la priorité à ce que vous pouvez préparer vous-même.

O) Sachez que les meilleures méthodes de conservation sont la congélation et le séchage.

P) Ne perdez pas de vue que toutes les conserves du commerce contiennent des agents conservateurs et stabilisateurs, ainsi que des produits destinés à les rendre plus agréables au goût et à l'œil (par exemple les colorants, dont l'innocuité est incertaine à la longue. Voir annexes.

Q) Restreignez l'emploi des graisses et margarines. Si vous devez en utiliser, que ce soit le plus rarement possible!

R) Employez:
   1. de l'huile de lin comestible de *première pression à froid* (Bioline) [1] pour préparer la crème Budwig;
   2. de l'huile de tournesol de *première pression à froid* (Schweizer ou Saatvital) [1] pour les salades;
   3. aucun corps gras pour la cuisson! Cela s'apprend (voir p. 14, chiffre 3).

S) Comptez 1 à 2 cuillères à soupe (1 c. à soupe = 2 c. à café) d'huile crue par jour et par personne. Ne cuisez jamais les huiles de première pression à froid: elles doivent absolument se consommer *crues* et se conserver dans le réfrigérateur. La ration quotidienne idéale de corps gras, y compris ceux des produits laitiers, est de 50 grammes.

T) Sauf exceptions (à contrôler), sachez que les corps gras utilisés par les fabricants de biscuits et les boulangers sont des margarines.

U) Moins vous consommerez d'alcool, mieux cela vaudra!

[1] En vente dans les commerces de produits diététiques.

V) Limitez la consommation d'œufs: pour 4 personnes, une quantité de 6 œufs par semaine est raisonnable.

W) Rappelez-vous que les sucreries nuisent à la santé et aux dents de vos enfants. Remplacez les bonbons par des fruits secs, des fruits frais, des graines oléagineuses. Evitez aussi de donner des douceurs à toute heure: espacez-en la distribution et, surtout, ne les servez qu'aux repas. Nourri selon ces principes, un enfant aura moins envie de sucreries.

X) A remarquer! Très, très peu de corps gras cuits entrent dans la confection des mets proposés dans cet ouvrage. Vous pourrez même les supprimer totalement si vous utilisez une poêle en acier inoxydable ou dont le revêtement spécial permet de rôtir les aliments sans corps gras. Adapter cette méthode aux recettes dont vous avez l'habitude deviendra vite aussi une... habitude!

Y) N'ayez pas peur de sortir de table en ayant encore un peu faim et faites prendre ce pli aux membres de votre famille.

Z) Souvenez-vous que le processus de digestion demande un gros effort à l'organisme. Dès la cinquantaine ou, d'une manière générale, après une journée de travail fatigante, la capacité de digestion est moindre. Si le repas du soir est trop copieux, la digestion se prolonge tard dans la nuit et perturbe le sommeil. Mieux vaut donc le sauter ou se contenter, par exemple, d'un fruit, d'un yogourt et d'une tisane. Ainsi, l'appétit au petit déjeuner du lendemain restera intact et vous commencerez la journée en pleine forme.

REMARQUES GÉNÉRALES

1. Sauf mention spéciale, les menus et recettes proposés dans cet ouvrage sont calculés pour 4 personnes (dont 1 enfant de moins de 10 ans) et pour un budget moyen.
2. Les desserts peuvent être supprimés ou alors servis à midi suivant les habitudes familiales.
3. Pour respecter les règles de préparation d'une alimentation diététique aussi parfaite que possible, nous recommandons vivement l'utilisation de batteries de cuisine *spécialement conçues pour la cuisson sans corps gras, sans eau et à basse température (environ 70 à 75°).* Elles permettent d'apprêter sainement les légumes, céréales et viandes, tout en leur gardant saveur et apparence appétissante.
4. Par *farine* de riz, de blé, etc., nous entendons la farine récoltée, à travers une passoire, du riz, blé et autres céréales moulues au préalable. Le *son* qui résulte de la mouture ne doit pas être jeté: il entre dans la composition de la crème Budwig, peut être utilisé comme panure, servir à la confection de corn-flakes, etc. Cette *farine de céréale* peut aussi remplacer la farine traditionnelle que l'on emploie pour faire de la pâte à tarte, du pain, de la pâte à tartiner, des liaisons, des potages, etc.
5. En guise de moutarde, nous employons soit de la moutarde maison, soit des graines de moutarde moulues.
6. Les cubes de bouillon sont ceux que l'on se procure dans les commerces de produits diététiques: base végétale, non gras mais salés. Vous pouvez aussi les remplacer par de la sauce de soya ou du miso (à base de soya, d'orge et de sel).
7. Les rares fois où vous devrez utiliser une graisse pour la cuisson ou la confection de pâte à tarte, ayez recours à une graisse végétale fabriquée à cet effet et en laquelle vous pouvez avoir une confiance totale. On en trouve dans les commerces de produits diététiques. Toutefois, ce qui est mieux encore, employez de l'huile de chardon.
8. Pour remplacer l'arôme Maggi par exemple, utilisez de la livèche (ache des montagnes; en Suisse: herbe à maggi).
9. En guise de semoule, utilisez du millet moulu, ou sa farine (obtenue à travers une passoire après mouture).

10. Pour remplacer les flocons d'avoine vendus dans le commerce, il faut moudre de l'avoine *complète*. La mouture constitue d'excellents flocons, toujours frais et vivants à condition de les employer immédiatement. Quant à la farine obtenue à travers la passoire, vous lui trouverez facilement une utilisation.
11. Ne jamais garder des céréales complètes moulues plus de 4 à 8 jours avant de les consommer. Vous augmentez leur digestibilité si vous les rôtissez légèrement, sans corps gras, *avant* de les moudre.
12. Il existe dans le commerce plusieurs sortes de moulins conçus pour moudre des céréales. Renseignez-vous!
13. Lorsqu'il s'agit de tremper le riz, l'orge et le blé complets, il faut le faire 12 heures à l'avance, dans une à deux fois et demi leur volume d'eau. Si vous avez oublié, vous pouvez les chauffer à ébullition tôt le matin du jour de leur utilisation et les laisser gonfler dans un endroit tiède, couverts d'un linge ou d'un «cosy».
14. Crème maigre signifie de la crème contenant 15% de matières grasses seulement. Elle est souvent vendue sous l'appellation de «crème à café».
15. Par fromage maigre, nous entendons du fromage ¼ gras ou contenant 30% de matières grasses.
16. Nous n'avons pas toujours signalé dans nos recettes qu'un plat peut être arrosé d'une cuillère à soupe d'huile crue. C'est en effet à la ménagère de faire le compte, d'après les menus choisis, de la quantité d'huile à ne pas dépasser par jour.
17. Dans la récapitulation des menus, le calcul du nombre de cuillères d'huile cuite utilisé a été établi compte tenu de l'emploi d'une poêle en acier inoxydable ou à revêtement spécial permettant une cuisson sans corps gras.
18. Pour simplifier, nous ne mentionnons pas qu'il faut toujours éplucher, laver soigneusement et éventuellement égoutter les légumes. Cela va tellement de soi!
19. Pour être totalement assimilée par le foie, l'huile doit être émulsionnée avec vigueur. Le fromage blanc maigre se prête parfaitement à cette opération.
20. Soyez très avare de sucre. Supprimez-le le plus possible. Donnez votre préférence au miel, au sucanat, au sucre de fruits ou au sirop d'érable, mais toujours en petites quantités.
21. Pour cuire vos compotes de fruits *sans sucre*, utilisez du jus de pommes (ou de poires), des raisins secs et un peu de «kouzou» (vendu dans les commerces de produits diététiques).
22. Vous pouvez faire vous-même, facilement et rapidement, du fromage blanc maigre. Procurez-vous l'appareil adéquat, cela en vaut la peine. (Voir chap. XI)

Et maintenant: BON APPÉTIT!

L'avenir de l'humanité dépendra pour beaucoup des décisions qu'elle prendra pour son alimentation.

Prof. C. Minot

CHAPITRE II

Menus des quatre saisons

Codes: H = huile cuite; * = céréales; G = graines; O = œuf; F = fromage; L = lait; C = crème; V = viande; ° = recettes données.
Le petit déjeuner de tous ces menus est composé de crème Budwig

1re semaine – PRINTEMPS

Midi	Soir	H	* G	O	F L C	V
		Récapitulation journalière				
Lundi carottes nouvelles râpées bettes: côtes à la vapeur, saupoudrées de persil et fromage râpé (garder les feuilles) blé complet cuit salade verte	salade verte avec 1 botte de radis soupe au persil °		* *		F 30 g	
Mardi 1 poire salade de millet ° (voir salade de riz bouillon aux fines herbes	frappé yogourt ° et fraises artichauts fromage blanc maigre additionné d'herbes aromatiques, moutarde et 1 œuf dur haché		* *	O O		
Mercredi jus de carottes épinards nouveaux et feuilles des bettes reste de langue de bœuf ou de veau froid salade de céleri	1 fruit laitue à la vapeur (garder le cœur sans le cuire) pommes de terre nouvelles au cumin ° salade de carottes compote de rhubarbe		*		L 1 dl	300 g
Jeudi salade à tondre, radis soya salade de dent-de-lion ou mâche	carottes, laitue, céleri râpé ou haché assaisonnés au yogourt, moutarde et herbes aromatiques tarte à la rhubarbe (pâte à tarte ° pour 2 fois)		* *			
Vendredi radis et tomates raves nouvelles, sauce béchamel ° foie de volaille salade verte	1 fruit poivrons farcis ° salade: tomate et cresson				L 1,5 dl	400 g
Samedi 1 fruit salade de soya ° bouillon aux fines herbes	jus de tomates et carottes fraîches rissoles au fromage ° (avec le reste de pâte) salade de mâche		* *	O	F 150 g	
Dimanche pommes râpées + jus de citron et noisettes riz complet ° (pour 2 fois) poulet bouilli ° salade verte	cocktail yogourt ° fraises pain complet		* * G	O	F 30 g	800 g
	Totaux pour la semaine	–	11 * 1 G	4 O	L 2,5 dl F 210 g	1600 g

Codes: H = huile cuite; * = céréales; G = graines; O = œuf; F = fromage; L = lait; C = crème; V = viande; ° = recettes données.
Le petit déjeuner de tous ces menus est composé de crème Budwig

2e semaine – PRINTEMPS

Midi	Soir	H	* G	O	F L C	V
		Récapitulation journalière				
Lundi						
fruits	fraises		* G		L 8 dl	
carottes nouvelles Vichy	yogourt °					
pommes de terre au lait	pain complet °				L 8 dl	
salade à tondre	graines, fromage blanc					
Mardi						
1 fruit	frappé banane, fraises		* G	O	C 2 dl	150 g
bouillon à la ciboulette	sésame, yogourt vanille					reste de
salade: reste de riz,	petits pois et		*			volaille
poulet,	carottes vapeur					150 g
tomate	(en réserver une tasse)					viande
1 œuf dur	150 g de viande séchée					séchée
aitues, persil	des Grisons					
	salade: mâche et céleri					
Mercredi						
jus de carottes	jus de carottes		* G	O		
chou au champignons °	pommes râpées					
salade panachée	avec graines,					
orge (cuite comme le riz)	jus de citron et miel		*			
	galettes de céréales sucrées °					
Jeudi						
fraises	tomates farcies °			O		400 g
poisson au court-bouillon	salade verte					poisson
pommes de terre persillées	compote de fruits ou de					
salade verte	rhubarbe					
Vendredi						
salade à tondre,	poires râpées		* G		F 30 g	
cresson, radis	blé vert aux légumes ° (voir					
choux-raves farcis °	riz aux légumes)					
pommes de terre au	salade de mâche					
cumin °						
salade: tomates, laitues,						
poivrons						
Samedi						
salade de carottes	cerises		*	OOOO		
épinards en branches °	potage aux herbettes °					
pommes de terre vapeur	œufs au plat					
avec garniture d'oignons °	salade à tondre					
salade: tomates et verte						
Dimanche						
jus de tomate	radis		*			600 g
rognon de veau ou de	tarte aux fraises					rognons
bœuf °						
asperges vapeur						
salade à tondre						
	Totaux pour la semaine	–	8 *	7 O	L 1,6 l	1300 g
			4 G		C 2 dl	
					F 30 g	

Codes: H = huile cuite; * = céréales; G = graines; O = œuf; F = fromage; L = lait; C = crème; V =
° = recettes données.
Le petit déjeuner de tous ces menus est composé de crème Budwig

1re semaine – ÉTÉ

Récapitulation journalière

Midi	Soir	H	* G	O	F L C
Lundi jus de carottes salade de concombres pommes de terre au cumin ° salade: champignons, à tondre, tomate, radis	pêches, abricots oignons farcis ° tranches de foie salade verte				
Mardi cerises laitues à la vapeur œufs brouillés salade: tomate, verte, radis	tomates purée de légumes ° (avec chou-rave et carottes) 1 tranche de jambon salade		*	OOOO	
Mercredi radis Tarrator ° haricots aux champignons (haricots pour 2 fois) pommes de terre persillées salade verte	myrtilles courgettes aux tomates ° salade panachée sarrasin °		*		
Jeudi pêches, abricots croquettes de céréales au fromage blanc ° salade de carottes	cerises salade: reste de haricots avec ail, oignons, tomates 1 œuf dur et herbes aromatiques pain complet °		* *	O	F 30 g
Vendredi laitues hachées et radis arrosés de yogourt, jus de citron, persil pois mange-tout à la vapeur lapin ° salade panachée	myrtilles polenta tomates en légume		*		F 30 g
Samedi jus de tomates salade de soya jaune °	pêches, abricots artichauts avec sauce au fromage blanc salade de laitues		*	O	
Dimanche framboises (en réserver pour le soir) tranches de veau pommes de terre vapeur et garniture de fines herbes ° petits pois	melon farci ° cocktail yogourt °		*		L 8 dl
	Totaux pour la semaine	–	7 *	6 O	F 60 g L 8 dl

Codes: H = huile cuite; * = céréales; G = graines; O = œuf; F = fromage; L = lait; C = crème; V = viande;
 = recettes données.
.e petit déjeuner de tous ces menus est composé de crème Budwig

:e semaine – ÉTÉ

Aidi	Soir	H	* G	O	F L C	V
.undi						
.bricots ois et carottes avec etits oignons hampignons frais chanterelles/girolles) alade verte	radis semoule ° compote d'abricots		* *		L 2,5 dl	
Aardi						
us de carottes alade de concombres hou-fleur à la Polonaise pour 2 fois) ommes de terre au lait alade: tomates et poivrons	1 tranche de melon avec myrtilles potage vert ° glace à la fraise ° (glace maison si possible)		*	O	C 1 dl L 3 dl	50 g jambon
Aercredi						
êches pinards omates surprise ° alade de carottes	tomates pommes de terre au cumin ° fromage maigre ou blanc salade à tondre		*	OOOO	L 1 dl F 200 g	
eudi						
us de carottes lets de perche iz complet pour 2 fois) alade verte	abricots salade de chou-fleur pommes de terre farcies ° salade de fruits	HH	*		F 60 g	400 g filets perche 50 g jambon
'endredi						
omates ourgettes farcies ° iillet° alade: tomates et radis	pêches bouillon aux herbes aromatiques tarte aux fraises		* *		F 30 g	
amedi						
iyrtilles et mirabelles issoles au fromage ° alade: verte, carottes, éleri, chou	radis salade de riz ° (avec reste et 50 g de viande séchée)		* *	O	F 150 g	50 g viande séchée
imanche						
iyrtilles ôti d'agneau ou de bœuf la broche ois mange-tout alade panachée	1 tranche de melon avec pêche et myrtilles yogourt ° pain complet ° avec graines et raisins secs		* G		L 8 dl	600 g rôti
	Totaux pour la semaine	2 H	10 * 1 G	7 O	F 440 g L 14,5 dl C 1 dl	1150 g

Codes: H = huile cuite; * = céréales; G = graines; O = œuf; F = fromage; L = lait; C = crème; V = viande;
° = recettes données.
Le petit déjeuner de tous ces menus est composé de crème Budwig

1re semaine – AUTOMNE

Midi	Soir	H	* G	O	F L C	V
		Récapitulation journalière				
Lundi						
raisins	tomates – radis		*		F 30 g	
orge en légume °	tarte aux prunes bleues					
courgettes à la vapeur ou						
laitues à la vapeur						
salade: verte, tomates,						
carottes						
Mardi						
poires	raisins		* G		L 2 dl	
légume de champignons °	frappé: banane, yogourt,				F 100 g	
(réserver des champignons)	noix, miel					
pommes persillées	fromage					
salade verte	pain complet °		* *			
Mercredi						
raisins	poires		*		F 30 g	
cardons °	marrons					
salade: verte, tomate	pommes purée °					
Jeudi						
prunes, poires	prunes, pommes		*			400 g
poisson au court-bouillon	potage à la courge avec					poisson
pommes de terre vapeur et	riz complet					
garniture d'oignons °						
salade verte						
Vendredi						
pommes de terre farcies °	prunes jaunes et bleues		* G		L 2 dl	50 g
tomates à la vapeur	yogourt aux fruits °					jambon
salade: verte, carottes	pain complet °, noix					ou v.
						séchée
Samedi						
pommes, poires	raisins		G	OOOO		200 g
bettes: côtes (garder	1 œuf à la coque					viande
les feuilles)	compote de poires					séchée
orge	*éventuellement:*					
salade de carottes	noix ou yogourt		*			
Dimanche						
raisins, prunes bleues	coupe glacée: glace		* G		C 1 dl	500 g
entrecôte sur le grill	framboise °, framboises,				F 150 g	entre-
bettes: feuilles préparées	mûres, yogourt et noisettes				L 2 dl	côte
comme des épinards	pain complet °					
pommes vapeur et	graines ou fromage					
garniture						
d'herbes aromatiques						
	Totaux pour la semaine	–	10 *	4 O	F 310 g	1150 g
			4 G		L 6 dl	
					C 1 dl	

Codes: H = huile cuite; * = céréales; G = graines; O = œuf; F = fromage; L = lait; C = crème; V = viande; ° = recettes données.
Le petit déjeuner de tous ces menus est composé de crème Budwig

2e semaine – AUTOMNE

Midi	Soir	H	* G	O	F L C	V
		Récapitulation journalière				
Lundi raisins chou-fleur persillé (pour 2 fois) avoine (cuire comme le riz) salade: verte, tomates, 1 œuf dur, carottes, herbes aromatiques	radis, tomates, concombre semoule ° compote de fruits °		* * 	O	L 2,5 dl	
Mardi jus de carottes, raisins haricots blancs aux tomates (réserver un bol de haricots) salade de chou-fleur	mûres œufs brouillés salade verte tomates à la vapeur			OOOO		
Mercredi mûres potiron ° tranches de foie salade	raisins sarrasin en légume ° salade: verte, tomates		* *		F 60 g	400 g foie
Jeudi raisins, prunes haricots à la vapeur tomates à la vapeur salade de carottes	poires, prunes pommes de terre vapeur fromage maigre ou blanc noix salade: verte, haricots blancs (reste)				F 200 g	
Vendredi prunes jaunes et bleues épinards carrets de veau ° salade verte	framboises croquettes de céréales sucrées °		* *		L 1 dl	400 g veau
Samedi raisins cardons ° salade panachée	raisins frappé yogourt, mûres, amandes bouillon avec persil et ciboulette		* G		L 2 dl F 30 g	
Dimanche 1 tranche de melon rôti de veau à la broche pommes de terre au lait salade: verte, radis, tomates, concombre	prunes, poires bouillon avec persil tomates farcies crues °		*	O	L 3 dl	600 g rôti
	Totaux pour la semaine	–	8 * 1 G	7 O	F 290 g L 8,5 dl	1400 g

Codes: H = huile cuite; * = céréales; G = graines; O = œuf; F = fromage; L = lait; C = crème; V = viande; ° = recettes données.
Le petit déjeuner de tous ces menus est composé de crème Budwig

1re semaine – HIVER

Midi	Soir	H	*G	O	F L C	V
		Récapitulation journalière				
Lundi oranges purée de légumes ° (céleri, carottes, pomme de terre) salade: verte, endive, 1 tomate, 50 g de champignons de Paris crus persil haché	½ pamplemousse p. pers. fenouils ° salade verte salade de fruits		*			
Mardi jus de carottes salade d'endives persillée pommes de terre au cumin ° foie de bœuf en tranches salade verte	1 fruit ou jus d'orange et citron galettes de céréales salées ° salade verte frappé aux abricots secs °		*	O	F 30 g L 2 dl	400 g
Mercredi jus de carottes et céleri salade de fenouils ° knöpflis ° salade: endive, chicorée, carotte rouge, persil	salade de fruits: banane, oranges, pommes, jus de citron, graines de tournesol, amandes pommes de terre nature salade verte fromage blanc ou fromage		*G	OOO	F 230 g	
Jeudi carottes et céleri râpés arrosés de jus de citron + persil haché filet de poisson au court-bouillon orge ° salade verte	1 fruit carottes Vichy et pommes vapeur garniture d'herbes aromatiques salade verte dessert à la banane °		*G		F 30 g	400 g
Vendredi salade: carottes, chou blanc, ciboulette scorsonères à la vapeur sauce béchamel millet salade verte	pommes râpées avec jus d'orange et miel semoule ° pamplemousse farci ° (voir melons farcis)		* *		L 1,5 dl L 2,5 dl	
Samedi ½ pamplemousse p. pers. épinards congelés, garniture d'oignons salade: chicorée, pommes de terre au cumin °, carotte rouge, persil, ciboulette	1 pomme endives à la vapeur 1 tranche de jambon maigre par personne salade de carottes				L 1 dl	200 g
Dimanche framboises congelées poitrine de veau farcie ° pommes de terre nature salade verte	salade de fruits yogourt ° noix – pain complet		G	O	L 8 dl	600 g
	Totaux pour la semaine	–	6 * 4 G	5 O	L 1,5 l F 290 g	1600 g

'odes: H = huile cuite; * = céréales; G = graines; O = œuf; F = fromage; L = lait; C = crème; V = viande;
= recettes données.
.e petit déjeuner de tous ces menus est composé de crème Budwig

' semaine – HIVER

Midi	Soir	H	* G	O	F L C	V
.undi						
alade: céleri, carotte, persil ardon ° alade: chicorée, carotte ouge	salade de fruits potage vert ° noix – pain complet °		* *		F 30 g	
lardi						
us de carottes et pommes este poitrine de veau froide alade: verte, carottes, ndives, carottes rouges, ersil, ciboulette *ventuellement:* ouillon chaud au persil	dessert Isabelle ° croquettes de céréales sucrées *éventuellement:* fromage, pain complet		* G	O	F (150) g	400 g
lercredi						
us d'orange et citron entilles ° ognon de bœuf ° alade d'endives	½ pamplemousse p. pers. pommes de terre au four ° fromage blanc maigre salade verte pommes purée (pour 2 fois)					400 g
eudi						
alade de chou rouge ilets de poisson au four ommes vapeur persillées alade verte	pommes râpées chou blanc ° champignons (pour 2 fois) salade: chicorée, carotte rouge		G		C 1 dl	400 g
'endredi						
alade de fenouils ° oireau et pommes de terre este de champignons alade d'endives	jus de carottes et pommes endives ° (sans jambon) salade céleri ou chou rouge dessert avec le reste de pommes purée °		G *		F 30 g	
amedi						
½ pamplemousse p. pers. iz complet ° (pour 2 fois) ois congelés alade de carottes	salade de fruits yogourt ° noix, noisettes, pain complet °		* * G		F 30 g L 8 dl	
)imanche						
fruit angue de bœuf ou de veau ° pour 2 fois) alade verte	jus de carottes salade de riz *éventuellement:* salade de fruits			O		600 g
	Totaux pour la semaine		6 * 5 G	2 O	C 1 dl L 8dl F 90 g F (240) g	1800 g

Récapitulation journalière (colonnes H, * G, O, F L C, V)

J'aimerais que chacun comprenne qu'il ne peut compter que sur lui-même, qu'il est responsable de sa personne...

C. Kousmine
(Soyez bien dans votre assiette)

CHAPITRE III

Réponses à...

LES SUBSTANCES VITALES

Outre les protéines, les lipides et les glucides, notre organisme doit trouver dans les aliments un certain nombre de substances vitales sans lesquelles il n'y a pas de vie possible: les vitamines, les minéraux, le calcium, le fer, les oligo-éléments, les ferments, qu'on appelle aussi diastases ou enzymes, les lyzozymes et les auxones découverts récemment.
Les vitamines sont des corps que notre organisme ne peut synthétiser, c'est-à-dire fabriquer lui-même. Il doit donc les trouver dans notre nourriture.
Les ferments, enzymes ou diastases forment un ensemble de substances qui font passer un aliment consommé à l'état de matériau ou de combustible dans notre organisme. Les aliments consommés crus contiennent tous des ferments qui périssent par la cuisson. Ils nous sont très précieux. Ils renforcent l'action de nos ferments endogènes, c'est-à-dire ceux que notre organisme fabrique lui-même. C'est un médecin lausannois, le docteur Kouchakoff, qui a découvert pourquoi nous devons consommer les crudités avant les repas. Nous avons 6000 à 8000 globules blancs par mm^3 dans notre sang. Kouchakoff a démontré que lorsque nous prenons un repas non précédé de crudités, le taux des globules blancs monte après quelques heures à 10 000-12 000 par mm^3. Cela revient à dire que notre organisme réagit à un repas sans crudités comme à une infection. Lorsque nous lui imposons cette mobilisation de globules blancs plusieurs fois par jour pour rien, nous le fatiguons inutilement et lorsque nous subissons une attaque de microbes, notre organisme fatigué se défend avec peine et mal. C'est seulement lorsque nous mangeons des crudités (au minimum 10% de la quantité de nourriture ingérée) avant les repas, que cette montée inutile du taux de nos globules blancs ne se produit pas.
Les lyzozymes ont été découverts dans les larmes par Fleming. Ce sont des corps doués d'un pouvoir désinfectant. Ils se trouvent dans tous les tissus vivants: ils sont endogènes dans les nôtres, exogènes dans ceux des animaux, des fruits et des légumes. Les lyzozymes exogènes sont également actifs à notre profit lorsque nous les ingérons vivants en consommant fruits et légumes crus. Les lyzozynes sont indispensables à la vie humaine. Nous devons donc en trouver suffisamment dans notre nourriture quotidienne. C'est une des raisons pour lesquelles les crudités nous sont si précieuses.
Les auxones, récemment découverts, sont aussi des éléments vitaux pour nous. Ce sont des hormones végétales: leur rôle dans notre organisme est encore mal connu.

LES HUILES ET LES GRAISSES

Plus une huile pressée à froid est riche en acides gras polyinsaturés, plus elle est instable et rancit facilement. Une bonne huile placée à la chaleur, à l'air et à la lumière rancit en 8 jours. Elle devient toxique. Il faut donc toujours conserver une bouteille entamée dans le réfrigérateur: à l'inverse des huiles pressées à chaud, elle n'y fige pas; elle doit être consommée dans les 3 à 4 semaines. L'huile de lin dont il n'existe qu'une seule marque comestible et

à toute épreuve, la Bioline, est riche en acide linolénique (vitamine F²). Les autres huiles – tournesol, soya, germe de blé et sésame – sont riches en acide linoléique (vitamine F¹).
Ces vitamines ne peuvent être synthétisées dans notre organisme qui doit donc les trouver dans nos aliments.
Le fait de consommer *uniquement* des huiles cuites peut entraîner des troubles de santé. C'est pourquoi il est indispensable d'absorber tous les jours 1 à 2 cuillères à soupe d'huile crue. L'assimilation par le foie des huiles crues est favorisée par leur émulsion, c'est-à-dire leur incorporation intime à une substance solide comme le fromage blanc maigre par exemple. Ce mélange constitue d'ailleurs une excellente base de sauce à salade.

Le raffinage des huiles

Monsieur E. Lauber, du Département de la Santé, écrit: «Si l'on parle d'huile pressée à froid, on pense à un produit qui a subi aussi peu de traitements que possible. Une huile pressée à froid ne doit pas subir de raffinage et ne demande qu'une filtration après le pressage».
Quelles sont les huiles qui sont raffinées et qu'entend-on par raffinage?
Les huiles pressées à chaud subissent plusieurs opérations mécaniques, physiques et chimiques:
1) *la clarification* faite avec de l'acide phosphorique (ou phosphate d'ammonium acide)
2) *la désacidification* qui se fait avec de la soude caustique diluée
3) *la décoloration* par blanchissage
4) *la désodorisation* par distillation de vapeur d'eau pratiquée à la température de 180° en Europe et de 200 à 260° aux USA.

Le Docteur Schormüller, Directeur de l'Institut pour la chimie alimentaire à l'Université de Berlin, dit encore: «Le raffinage des huiles consiste à supprimer les matières mucilagineuses (mucilage = substance visqueuse qui se trouve dans presque tous les végétaux, *précieuse pour nos membranes*), albumineuses, gommeuses, phosphatides, aromatiques, les acides gras libres, les glycérides, les résines, les cires, les pigments solubles dans l'huile, les sels minéraux et enfin les ferments...».
Que reste-t-il donc dans une huile raffinée quand on sait que, de surcroît, les vitamines grasses sont tuées par les hautes températures?
Il reste un corps gras aussi pur que possible, parfait combustible, apte à fournir des calories... mais nous sommes des êtres humains, pas des fourneaux!

Réflexions sur les graisses végétales et le beurre végétal

L'adjectif «végétal» donne à penser que les graisses et beurres ainsi qualifiés sont des substances naturelles. Or, mis à part le beurre de cacao et celui de coco, *aucune d'elles n'existe dans la nature*. En effet, ces corps gras fermes – qui ont l'avantage de pouvoir se vendre en paquets, à la température

ambiante – sont en réalité obtenus à partir *d'huiles végétales*, par hydrogénation. Ce procédé est artificiel et destiné à rendre plus élevé le point de fusion de ces graisses et beurres, en leur conférant une *structure chimique* qui ne se trouve pas dans la nature et devient alors incompatible avec les règles d'une alimentation diététique bien comprise.
Lorsque nous ingérons un corps gras, le surplus que nous ne «brûlons» pas immédiatement est stocké par notre organisme et se mélange partiellement à notre propre graisse, tel quel, sans subir de transformation à la digestion. En d'autres termes, si le corps gras est solide, il le reste après son absorption. Cela ne fait pas l'affaire de notre organisme qui, lorsqu'il puise dans sa propre réserve de graisse, le fait beaucoup plus facilement si celle-ci est plus fluide. On peut voir dans ce manque de fluidité l'une des causes de l'obésité. En effet, quand une personne obèse a faim, son organisme, faute de pouvoir faire appel à ses réserves inertes, recherche une compensation dans un aliment *extérieur*. Inversement, si nous consommons régulièrement des huiles pressées à froid, très fluides (ne se solidifiant pas dans le réfrigérateur: tournesol, lin, sésame, etc.), notre graisse devient, elle aussi, plus fluide, d'où possibilité non négligeable de normaliser notre poids. L'acné aussi est concernée par ce mode de faire, notamment lorsque les pores de la peau sont obstrués par la graisse trop solide se trouvant dans les glandes sébacées.

LE LAIT

Commençons par émettre une vérité qui ressemble fort à une lapalissade: le lait de vache a été créé dans la nature... pour nourrir les veaux! A sa naissance, le veau pèse 35 kg environ. Six mois plus tard: 225 kg. Il a donc multiplié par 6,5 son poids initial alors qu'un bébé, dans le même temps, le double seulement. Les besoins du bébé et du veau ne sont pas les mêmes. A ceci correspond une composition du lait maternel très différente de celle du lait de vache. La croissance formidable du veau est, entre autre, rendue possible grâce à la présence de beurre dans le lait. Le beurre du lait de vache et celui du lait maternel ont des propriétés très différentes. Le beurre du lait de vache contient un perméabilisant – l'acide butyrique – qui n'est pas nécessaire à l'homme. Ce perméabilisant, *lorsqu'il est consommé abusivement*, devient néfaste pour nous. Chez le bébé, il provoque la croûte de lait qui se guérit par la suppression du beurre. Chez l'adulte, il entraîne d'autres désordres, à des échéances diverses. Il augmente la perméabilité des membranes qui nous protègent du monde extérieur et, de ce fait, favorise la pénétration des microbes et des substances toxiques dans notre organisme (Professeur H. Sinclair, ancien directeur du Département de la Recherche alimentaire en Angleterre).
Lors de la guerre de Corée, l'autopsie de jeunes soldats américains a montré, à la grande stupéfaction des médecins, qu'ils étaient tous atteints d'artériosclérose avancée: pendant leur entraînement, ces soldats avaient été soumis à un régime qui se voulait extrêmement fortifiant, à base de beurre, de lait, de crème et de fromage, ce qui totalisait environ 200 g de beurre par jour!

Pour être bien tolérée, la ration de beurre quotidienne se situe entre 10 et 30 g par personne. Elle se calcule facilement si l'on sait que:
24 à 25 litres de lait = 1 kg de beurre;
10 à 11 litres de lait = 1 kg de fromage;
9 litres de lait = 1 litre de crème.
Le lait contient en effet 40 g de beurre par litre. Le kilogramme de fromage en contient 400 à 430 g, le litre de crème 360 g.
Si l'estomac du veau digère aisément le lait, c'est parce qu'il le caille grâce à la sécrétion d'une diastase, la présure, qui n'existe pas chez l'être humain.
Lorsque nous buvons du lait, celui-ci se transforme en coagulats (boules compactes) difficiles et longs à digérer. C'est pourquoi il est bon de prendre quelques précautions pour faciliter le travail de notre estomac:

1) boire le lait lentement, par petites gorgées, ce qui rend les coagulats plus petits;
2) couper le lait avec de l'eau ou le mélanger à des farineux;
3) remplacer le lait par des yogourts, surtout si l'estomac est délicat. En effet, leur confection est faite à partir de ferments qui acidifient le lait et accomplissent donc la première phase de digestion;
4) pour les mêmes raisons, toujours acidifier et couper d'eau le lait de vache donné aux bébés. La plupart des laits en poudre destinés aux nouveaux-nés sont d'ailleurs acidifiés.

Il n'en reste pas moins que le lait, plus ou moins écrémé, constitue pour nous un aliment excellent, à condition de ne pas dépasser une ration moyenne de ½ litre par jour et par personne.

LE MIEL

Le miel est un aliment parfait. Il contient des sucres naturels pré-digérés par les abeilles: glucose, fructose, lévulose, saccharose et dextrose.
Il est aussi riche en sels minéraux et ses nombreux ferments en font l'aliment le plus rapidement digéré par notre estomac: 10 minutes.
Un kilo de miel vaut: 3 litres de lait, 26 bananes, 60 œufs ou 11,75 kg de viande bœuf.
Enfin, le miel contient de l'acide formique qui lui confère un pouvoir bactéricide puissant: aucune culture de bacilles ne résiste plus de 72 heures à son action.
Ses couleurs sont variées, suivant les plantes dont il provient: le miel de dents-de-lion, de thym, de romarin, de lavande, de fleurs d'orangers, de citronniers ou de bourgeons de sapin peut aller du beige clair au brun foncé en passant par toute la gamme des ors. Et tous ces miels ont un parfum exquis. Les abeilles ne butinent jamais une plante toxique.
Le miel perd toutes ses vertus à la chaleur. Veillez donc à ne jamais le chauffer à plus de 26° lorsque vous employer cet aliment précieux.
Dans un pot de terre ou de verre, à l'abri de la lumière et de l'air, le miel se conserve indéfiniment.

Chaque fois que c'est possible, employez du miel à la place de sucre. S'il le faut, il peut même remplacer le glucose.
Les bébés supportent très bien le miel à partir de 6 mois, mais à petites doses étant donné sa grande valeur nutritive.
En manger journalièrement vous aidera durant la mauvaise saison à augmenter votre résistance aux infections.
Sucer du miel en rayon est une délicieuse friandise qui, en plus, vous débarrassera rapidement d'un rhume. Le miel peut aussi être employé comme désinfectant sur une plaie.

QUELQUES COUTUMES CONCERNANT LES CÉRÉALES

Les céréales croissaient à l'état sauvage bien avant l'apparition de l'homme. Ce dernier n'est devenu sédentaire qu'après avoir appris à les cultiver.
On peut donc affirmer que, dès la plus haute antiquité, l'homme a accordé beaucoup d'importance aux céréales. N'est-ce pas d'ailleurs de *Cérès*, déesse des moissons, que vient leur nom? En Chine, 3000 ans avant Jésus-Christ, elles faisaient même l'objet d'un culte sacré.
Mais c'est en Egypte qu'est né l'art de la boulangerie... et par hasard! Le premier pain levé fut en effet confectionné grâce à l'étourderie d'une servante. Celle-ci avait oublié sa pâte si longtemps qu'elle leva: le levain était né. Les Egyptiens surent aussi élaborer un grand nombre de recettes à base de céréales: ils les consommaient avec du miel, du lait ou de l'eau et elles figuraient tous les jours à leur menu avec des légumes, ou des oignons, ou encore, mais une fois par semaine seulement, avec de la viande.
Initialement, les céréales étaient consommées en grains, puis en bouillies crues, triturées et trempées. Beaucoup plus tard, on se mit a les cuire. En Ecosse par exemple, le gruau d'avoine se mangeait dans du lait bouillant. Dans le région de Constance, on profitait de ce que l'on venait de cuire du pain pour faire rôtir des céréales à l'entrée du four. Aujourd'hui encore, les céréales constituent, en Hongrie, la principale nourriture des femmes enceintes.
Et pour citer la Bible, dont le texte fait de nombreuses allusions aux céréales, le prophète Amos disait: «Le froment donnera de la vigueur aux jeunes gens».

Le blé

Connaissez-vous la légende du blé?
Il était une fois, sur les bords de l'Euphrate, une ravissante graminée appelée Triticum. Un jour, Triticum tomba amoureuse, ô horreur, d'une graminée d'une autre espèce: Aegilops. Or, chez les plantes, la loi est stricte. On ne se marie pas entre espèces différentes. Mais Triticum et Aegilops étaient bien trop amoureux et de leur union naquit un enfant illégitime: le blé.
Des savants ont paraît-il reconstitué cette expérience en déposant du pollen d'Aegilops sur un pistil de Triticum... et c'est bien du blé qui a poussé!

Voici maintenant une explication plus scientifique: les savants pensent que le blé est le résultat d'une mutation qui eut lieu à haute altitude, dans un endroit où la terre était fortement soumise aux radiations cosmiques ou rayons X. Ces irradiations peuvent en effet changer le caractère héréditaire dans une espèce. Cette «dégénérescence», qui donna le blé, fut heureusement bénéfique.

Le germe de blé

Le germe de blé frais est non seulement riche en ferments, en sels minéraux et en vitamines B et E, mais il contient également une huile très précieuse pour notre organisme. Pour confirmer ses bienfaits, citons la *Revue suisse d'hygiène* (fascicules 8 et 9 – 1953): «Il est regrettable qu'une céréale aussi riche que le blé soit si peu utilisée en cuisine... Le blé contient presque tous les éléments nécessaires à l'équilibre physiologique, tant en sels minéraux et en vitamines qu'en substances énergétiques et constitutives... Sa richesse en phosphore, en magnésium et en potassium en fait un excellent stimulant du travail cérébral et du rendement musculaire».
Une *cure de blé germé* pratiquée pendant six semaines, deux fois par année, est excellente pour la santé. Voici comment procéder:

- confectionner 4 petits sacs de toile, d'environ 15 à 20 cm, en prévoyant un cordon coulissant pour la fermeture.
- 1er soir: introduire 1 cuillère à café de grains de blé par personne dans le premier sac. Laisser tremper la céréale toute la nuit dans de l'eau et la sortir le lendemain, dans le courant de la journée.
- 2e soir: tremper le deuxième sac, contenant aussi 1 cuillère à café de grains de blé, avec le premier et les sortir le lendemain, dans le courant de la journée.
- 3e soir: tremper le troisième sac avec les deux premiers, etc.
- 4e soir: tremper le quatrième sac avec les trois premiers, etc.

Le cinquième jour, vous pouvez commencer votre cure en utilisant le contenu du premier sac, que vous remplissez de nouveaux grains de blé et faites tremper, le soir, avec les trois autres sacs, etc. Le sixième jour, vous consommez le contenu du deuxième sac et ainsi de suite.
Le germe de blé peut se consommer entier ou haché, dans de la salade, du bircher ou du potage.
Le même procédé convient également pour faire germer du soya ou de l'orge.
Les commerces de produits diététiques vendent des germoirs qui permettent une germination en milieu humide et tiède, à 30°.

Le riz

Le traitement du riz illustre bien l'illogisme qui règne de nos jours. Sous prétexte de le blanchir, de le glacer et de le «revitaminer», les fabriques enlèvent au riz ses substances vitales... qu'elles compensent ensuite par des

vitamines synthétiques! Or, les chimistes savent bien que, si l'on connaît déjà une quantité de vitamines, il en reste cependant encore beaucoup à découvrir. Le traitement du riz est par conséquent aberrant: on sait ce qu'on ajoute, mais on ignore en revanche ce que l'on supprime.
Un tiers de la population du globe se nourrit presque exclusivement de riz. En Asie par exemple, qui en est le plus grand producteur du monde, les habitants mangent environ 125 kg de riz par an et par personne.
Ce n'est qu'une fois débarrassé de ses glumelles que le riz devrait être consommé. Il porte alors le nom de *riz cargo* ou *riz complet.* Déjà vers 3 à 4 mois les bébés supportent bien cette excellente céréale, tout comme le sarrasin et le millet, à raison d'une cuillère à café très finement et fraîchement moulue incorporée au biberon. Elle est riche en calcium, en magnésium (4,2 g/kg), en fer (177 mg/kg), en zinc (45 mg/kg) et en cuivre.

L'orge

L'orge est une céréale assez méconnue et c'est dommage, car elle est riche en fer (59 mg/kg), en potasse (bonne pour l'ossature), en phosphore (bon pour le cerveau) et en oligo-éléments (zinc, iode et cuivre). Ses propriétés adoucissantes en font par ailleurs un aliment précieux lorsqu'il s'agit de traiter des affections du système digestif. Fraîchement moulue et préparée sous forme de bouillie, elle peut être donnée aux bébés de 8 à 9 mois, par petites quantités.
L'*orge perlée* – c'est-à-dire privée du germe et d'une bonne partie de sa coque – et l'*orge mondée complète* sont en vente dans le commerce. La consommation de cette dernière est vivement recommandée. Son goût est très fin; trempée la veille et préparée comme du riz, elle constitue un mets délicieux.
L'orge germée (voir sous «cure de blé germé», p. 33), puis hachée peut être ajoutée à un potage ou à un bircher, auxquels elle conférera plus de valeur nutritive.
Le *malt* provient de l'orge germée, puis séchée. Il contient de la vitamine B^{12}, bénéfique au système nerveux. Le curé Kneipp préconisait de remplacer le café par du malt grillé.

Les céréales moulues

Si l'on souhaite profiter de toutes leurs vertus, les céréales complètes doivent *être moulues au fur et à mesure de nos besoins.* Pour des quantités inférieures à 100-150 g, un moulin à café à couteaux très résistants et tasse métallique peut très bien convenir. En revanche, pour la mouture de 200-250 g (et plus) à la fois, il est préférable d'utiliser des moulins spécialement conçus à cet effet.

Attention: sitôt moulues, les céréales perdent peu à peu de leur valeur par oxydation. C'est pourquoi il ne faut pas attendre plus de 8 jours avant de les consommer.

MODES DE CUISSON

Pour préserver le plus possible les vitamines, les sels minéraux, les ferments... et la saveur des *légumes* et des *fruits*, le meilleur moyen est de les cuire à la vapeur, dans très peu d'eau. La marmite à vapeur se prête très bien à cela, à condition toutefois que le temps de cuisson soit réduit au minimum nécessaire. Les batteries de cuisine spécialement conçues pour la cuisson à basse température sont évidemment les plus indiquées.
En ce qui concerne les *céréales complètes*, prenez la précaution de les tremper la veille, dans une à deux fois et demi leur volume d'eau. Cette eau pourra être utilisée pour leur cuisson qui, dans une marmite à vapeur, ne prendra alors pas plus de cinq minutes. Le sarrasin est plus savoureux si vous délayez quelques cuillères de fromage blanc maigre dans l'eau de trempage.
Quant à la *viande*, les manières les plus adéquates de la préparer sont, suivant les morceaux, soit de la bouillir, soit de la rôtir sur un gril ou dans une poêle dont le revêtement ou la matière permettent de supprimer les corps gras.

LE SEL

Le sel contenu dans les aliments naturels suffit à couvrir les besoins normaux d'une personne en bonne santé, à condition de respecter un temps de cuisson convenable. Plusieurs médecins ont en effet démontré que notre organisme n'exige pas autant de sel qu'on le croit généralement: les docteurs Eppinger, Kollath et Bircher ont prouvé qu'une abondance de transpiration est liée au genre de vie et d'alimentation. Par exemple, les Indiens et les Malais, qui mangent très frugalement, transpirent bien moins que nous.
Une alimentation riche en crudités permet d'abaisser l'apport «extérieur» de la quantité de sel nécessaire à l'organisme. En fait, nous utilisons souvent le sel pour redonner du goût à des aliments affadis parce que dénaturés: riz glacé, légumes délavés parce que mal cuits, dans trop d'eau!
Par ailleurs, il est faux de croire que l'on doit et peut impunément absorber des mets très relevés et irritants.
Nous vous conseillons d'utiliser du *sel marin*, riche en autres substances minérales. En vente dans le commerce, il se présente sous forme de cristaux qui, moulus, donnent du sel fin d'un emploi aussi facile que le sel traditionnel. Un moulin à café se prête bien à ce genre de mouture. Evitez de cuire le *sel marin* et, chaque fois que c'est possible, saupoudrez-en les aliments juste avant de passer à table.

Eviter la maladie en prenant soin de sa santé, voilà l'essentiel.

C. Kousmine
(op. cité)

CHAPITRE IV

Que faire si ?...

QUE FAIRE SI?...

Dans ce chapitre et à la demande de nombreuses personnes, l'auteur vous livre quelques petits «trucs» auxquels elle a recours chaque fois que cela s'avère nécessaire. Elle les a tous expérimentés personnellement une ou plusieurs fois avec satisfaction, tout comme l'ont fait, de leur côté, beaucoup de ses amis. Elle les a notamment relevés dans ses lectures (entre autres: *L'Aromathérapie*, du Dr Jean Valnet – éditions Laffont, Paris –, *Les Vitamines et leurs secrets*, d'Adelle Davis – éditions Tchou, Paris), ou les a appris par ouï-dire, ou encore avec le Dr C. Kousmine (chiffres 2, 7, 8, 9, 13, 15, 19, 20, 21, 22 et 30).

1. *Si vous voulez prendre soin de votre teint et fortifier vos yeux? Si vous voulez aussi lutter contre l'acné?*
   Chaque jour, avant le repas de midi, buvez lentement un verre de jus de carottes fraîchement pressées.

2. *Si vous avez envie d'affronter l'hiver dans de bonnes conditions?*
   D'octobre à fin avril, prenez tous les jours du chlorure de magnésium et exposez-vous régulièrement à la lampe de quartz, mais renseignez-vous bien sur les modes d'emploi.

3. *Si vous êtes entourés de personnes enrhumées?*
   Buvez 2 à 3 jus de citron par jour.

4. *Si vous êtes enrhumés malgré les précautions prises?*
   Absorbez quotidiennement plusieurs tasses de thé de thym (1 cuillère à thé par tasse, cuite pendant 1 à 2 minutes), non sucrées. Continuez à prendre vos jus de citron, dans cette boisson par exemple, et mangez du miel en rayon.

5. *Si vous êtes enroués ou si vous avez mal à la gorge?*
   Gargarisez-vous avec une décoction de feuilles de ronces fraîches ou sèches (50 à 100 g par litre d'eau, cuites pendant 10 minutes).

6. *Si vous toussez?*
   Préparez la tisane suivante, que vous boirez avant de vous coucher: Mélangez, à parts égales, des feuilles de ronces, des fleurs de violettes et du plantain. Faites cuire une feuille d'eucalyptus pendant 3 minutes dans la valeur d'une grosse tasse d'eau, ajoutez une cuillère à café du mélange indiqué et cuire encore 3 minutes. Laissez reposer 10 minutes et sucrez avec du miel.
   Vous avez aussi la possibilité de préparer un sirop très efficace avec, à parts égales, du sucre candi, des oignons et des raves: pelez et coupez en fines lamelles les oignons et les raves; déposez les ingrédients en couches successives dans un pot et mettez un poids dessus. Deux à trois heures plus tard, le sirop se sera déjà formé et buvez-en un verre à liqueur plusieurs fois par jour. Ce sirop peut aussi être administré aux enfants de 2 à 3 ans, mais à raison d'une cuillère à thé ou à dessert à la fois.

7. *Si vous voulez augmenter votre résistance aux microbes? Eviter des pertes de calcium? Avoir un teint frais? Vous sentir moins fatigués?* Surveillez votre pH urinaire avec un papier spécial que l'on trouve en pharmacie. Les commerces de produits diététiques vendent des produits (Nimbasit, par exemple) qui vous aideront à maintenir votre pH urinaire à un degré d'acidité normal, soit 7 à 7,5.

8. *Si vous êtes décidément trop fatigués par un excès de travail, de soucis, de bruit?*
Diminuez vos activités... dirait La Palisse! Dormez tout votre saoûl au moins une fois par semaine (votre organisme a besoin de 8 heures de sommeil). Faites de la marche, du sport en plein air, loin des gaz d'échappement (votre corps a besoin de 1½ heures d'activitiés physiques par jour).

9. *Si vous voulez prévenir les refroidissements?*
Dès les premiers froids, portez sur la peau (vos enfants aussi) une chemise de laine. La laine, le coton, le lin ou la soie naturelle sont les matières qui conviennent avant tout à la peau humaine.

10. *Si votre pression a tendance à baisser?*
L'absorption d'une ou deux tasses de thé de romarin par jour ou, suivant les cas, par semaine vous permettra de la maintenir normale. Cette boisson se prépare avec 1 cuillère à café de romarin que vous faites cuire pendant 5 minutes dans une tasse d'eau. Laissez reposer 5 minutes et buvez nature ou sucrez avec du miel.
Et puis... faites contrôler votre pression régulièrement.

11. *Si votre pression a tendance à monter?*
2 à 3 fois par semaine – à vous de doser selon votre cas – mangez le matin 1 gousse d'ail écrasée avec 1 branche de persil hachée. Essayez d'en tartiner une tranche de pain noir, légèrement beurré ou non. C'est délicieux, vous verrez!
Et puis... faites contrôler votre pression régulièrement.

12. *Si vous avez la diarrhée?*
Pensez à manger des myrtilles ou à boire l'eau de cuisson du riz. Une décoction de pelures d'oignons est également efficace: 1 poignée par litre d'eau, que vous laissez bouillir pendant 10 minutes. La quantité à absorber par jour est de ½ litre.

13. *Si vous êtes constipés?*
Mettez de l'avoine, des graines de lin et des poires dans votre crème Budwig. Mangez des pruneaux secs et prenez chaque matin, à jeun, 1 à 2 cuillères à soupe de graines de lin sans les mâcher.

14. *Si votre enfant a des parasites intestinaux?*
Faites lui grignoter une dizaine de graines de courge pendant la journée. Essayez de lui donner aussi, le matin à jeun, une tasse de lait dans laquelle vous aurez fait macérer, pendant la nuit, 3 à 4 gousses d'ail râpées. Il faut répéter ce traitement plusieurs fois! Voyez votre pédiatre également.

15. *Si vous avez des ballonnements?*
Cela ne devrait plus se produire si vous suivez bien les conseils contenus dans ce livre. En cas contraire, couchez-vous avec une bouillote chaude sur le ventre. Diminuez votre ration alimentaire et éliminez les mets qui provoquent des gaz. A la rigueur, supprimez pour un temps le blé et le seigle, jusqu'à ce que vos ballonnements disparaissent. Lorsque vous recommencerez à en absorber, prenez la précaution de les rôtir dans une poêle, sans corps gras, avant de les moudre ou de les cuire.

16. *Si vous avez, Madame, des pertes blanches?*
Après vos menstruations, faites une ou deux irrigations vaginales avec une décoction de romarin ou de lavande: 1 poignée dans 1 litre d'eau, que vous laissez bouillir pendant 10 minutes; ajoutez ensuite 1 litre d'eau bouillie et laissez tiédir.
Et puis... consultez votre gynécologue si les pertes persistent ou sont trop abondantes.

17. *Si vous n'avez rien sous la main pour désinfecter une blessure ou soigner une plaie infectée?*
Allez cueillir une feuille de plantain dans un pré et lavez-la *très, très* soigneusement. Ecrasez-la un peu et maintenez-la sur la blessure avec un pansement.

18. *Si vous souffrez d'une brûlure, d'une plaie, d'un furoncle, d'aphtes?*
Utilisez un produit qui ne devrait manquer dans aucune pharmacie de ménage: un extrait naturel d'essences de plantes appelé *Solvarome* (en vente dans les pharmacies). Le mode d'emploi est indiqué.

19. *Si votre enfant a attrapé les oreillons?*
En attendant la venue du médecin, supprimez immédiatement tous les corps gras de son alimentation et gardez-le bien au chaud.

20. *Si vous (ou votre enfant) êtes fiévreux?*
Administrez un lavement à l'infusion de camomille (la valeur d'un biberon pour un nourrisson; ½ litre à partir de 2 ans; ¾ de litre à partir de 10 ans; 1 litre dès 15 ans). Ensuite, faites 24 heures de «diète» aux fruits et prenez la quantité de vitamines C prescrite par votre médecin. Pas de lavement si vous soupçonnez que la fièvre est causée par une crise d'appendicite!

21. *Si votre enfant vomit?*
Faites-lui prendre, très doucement, 1 cuillère à café de thé léger sucré, toutes les 5 minutes, jusqu'à ce que les vomissements cessent. Augmentez ensuite la dose jusqu'à 1 cuillère à soupe, toujours toutes les 5 minutes, et ainsi de suite jusqu'à ce qu'il soit capable d'absorber, lentement et sans vomir, une demi-tasse de cette boisson. Contrôlez sa température (voir paragraphe suivant).

22. *Si vous devez prendre la température de votre enfant?*
Il faut attendre que votre enfant soit couché et tranquille, sinon endormi, depuis au moins ¾ d'heure pour prendre sa température. Faites-le *avant* le repas et sans qu'il se soit levé entre-temps.

23. *Si vous avez été piqués par un taon, une guêpe, une abeille?*
Frottez la piqûre avec une tranche d'oignon ou de l'ail crus, ou encore avec une feuille de lavande fraîche et froissée.
Le même «truc» peut être utilisé s'il s'agit d'une morsure de vipère, en attendant l'arrivée du médecin.

24. *Si vous voulez prévenir une invasion de moustiques dans une pièce?*
Déposez des feuilles de tomate ou de basilic sur le rebord de la fenêtre... ou carrément une caisse dans laquelle vous ferez pousser ces plantes. Vous pouvez aussi imbiber un tampon d'ouate de quelques gouttes de citronelle ou d'eucalyptus et le suspendre à la tête de votre lit.

25. *Si vous voulez protéger vos lainages et fourrures contre les mites?*
Sachez que les mites fuient l'odeur de la lavande et celle d'une orange piquée de clous de girofle.

26. *Si vous êtes énervés ou en colère?*
Empoignez fermement un robinet des deux mains et respirez profondément. Il se produit alors un phénomène de «mise à la terre» de «votre» électricité et, après quelques secondes, vous sentez vos nerfs se détendre progressivement.

27. *Si vous vous étranglez?*
Plutôt que de vous faire donner de grandes claques dans le dos – ce qui n'est pas toujours sans danger – levez les deux bras en l'air. Vous verrez, c'est souverain!

28. *Si vous souffrez, Madame, de vapeurs ou de divers ennuis dus à la préménopause?*
Faites une cure d'huile de germes de blés dont vous incorporez 1 cuillère à café dans votre crème Budwig en remplacement de l'une des cuillères d'huile de lin.
Si vos bouffées de chaleur subsistent malgré tout, demandez à votre pharmacien de vous préparer un mélange d'essences aromatiques de sauge et de cyprès, à doses égales (2 × 10 g par exemple). Prenez-en 6 gouttes le matin à jeun, pendant 3 ou 4 semaines, dans un ½ verre d'eau où vous aurez délayé 1 cuillère à café de miel.

29. *Si vous voulez prévenir l'artériosclérose?*
Croquez tous les jours une pomme. Faites des cures de poudre de prêle (une pointe de couteau par jour, 3 semaines sur 4). Consommez régulièrement des algues sèches, qui apportent de l'iode et des oligo-éléments. Emiettées, elles constituent un assaisonnement savoureux. Par ailleurs, prenez tout aussi régulièrement du soufre (Biologo ou Oligosols).

30. *Si vous avez des crevasses? La peau des pieds rugueuse?*
Chaque matin, massez soigneusement pieds et crevasses avec de l'huile de tournesol... mais oui, celle que vous utilisez pour la salade depuis que vous suivez les principes d'une alimentation saine et naturelle! Cela n'exclut pas l'utilisation régulière d'une pierre ponce ou d'une lime spécialement étudiée pour l'élimination des rugosités. Avec un peu de patience, celles-ci disparaîtront avec succès.

31. *Si vos menstruations, ou celles de votre fille, sont douloureuses, irrégulières?*
Dans un premier temps, prenez deux fois par semaine, le matin à jeun, 30 gouttes du complexe d'oligo-éléments *zinc-cuivre* (Bioligo ou Oligosol).
Si les douleurs menstruelles persistent, prenez alors, huit jours avant la date de vos règles, 1 à 2 comprimés par jour de calcium associé à de la vitamine D (en vente dans les pharmacies), en veillant à ce qu'ils soient à base de gluconate et de lactate de calcium. Absorbez également du magnésium. Vous pouvez doubler la dose de comprimés si les douleurs restent tenaces.

32. *Si vous souffrez d'insomnie?*
Au moment de vous mettre au lit, buvez une infusion de fleurs de mélisse rouge, ou de fleurs d'oranger, sucrée avec du miel (de tilleul si possible), et avalez l'un des comprimés dont il est fait mention sous § 31.
Si vous ne dormez toujours pas au bout d'une heure, renouvelez l'opération... jusqu'à ce que vous tombiez dans les bras de Morphée!
Lorsque les troubles du sommeil se manifestent au cours de la nuit, prenez l'infusion et le comprimé en vous couchant et recommencez au moment où vous vous réveillez. Diminuez les ingestions au fur et à mesure de l'amélioration de votre sommeil.

Il ne nous reste plus qu'à souhaiter que tous ces «trucs» vous soient utiles de temps à autres et vous facilitent l'existence.

CHAPITRE V

Quelques régimes

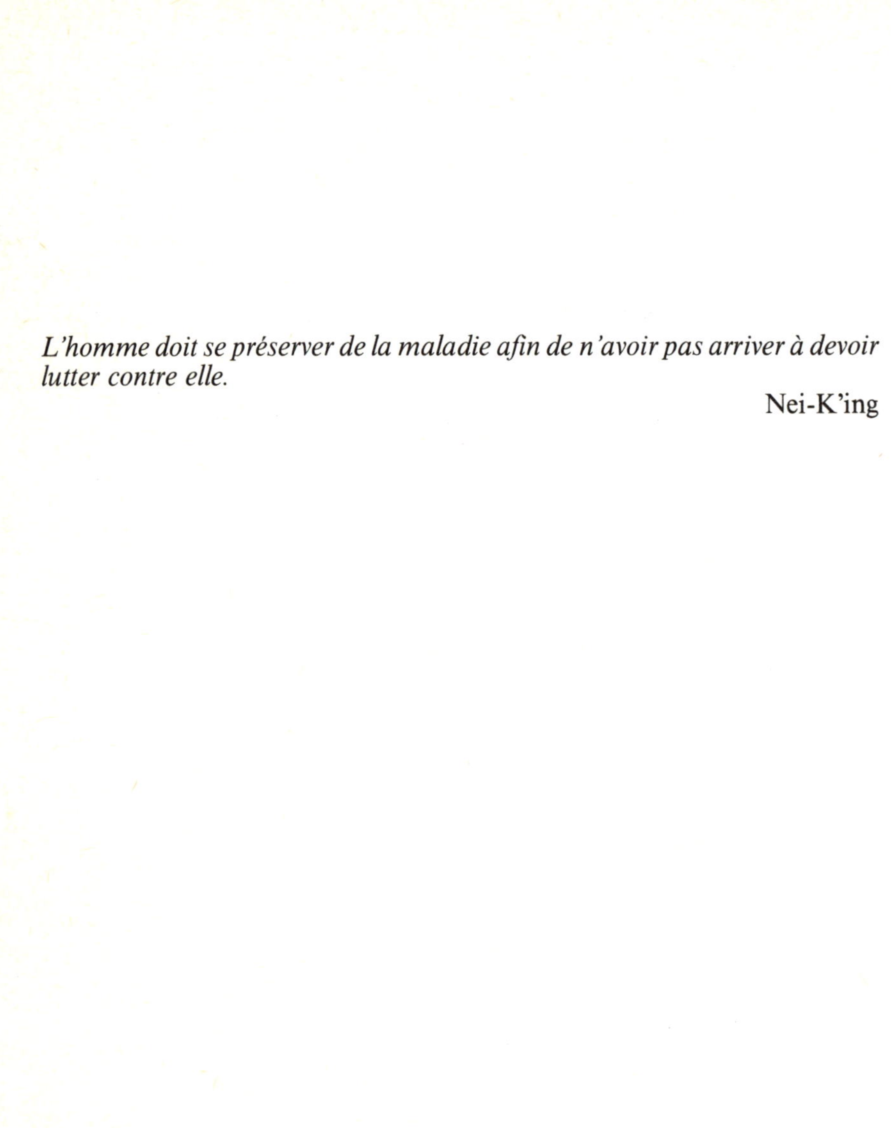

L'homme doit se préserver de la maladie afin de n'avoir pas arriver à devoir lutter contre elle.

Nei-K'ing

QUELQUES RÉGIMES

Régime pour nourrissons

Nombre de repas quotidiens

6 repas jusqu'à ce que l'enfant atteigne le poids de 4 kg;
5 repas jusqu'à ce qu'il pèse 6 kg;
4 repas au-delà de 6 kg.

Dès le début du troisième mois

Ajouter une cuillère à café de jus de citron (pas de jus d'orange!) à l'un des biberons, 5 gouttes d'huile de lin (Bioline) à un autre biberon.

Deux premiers mois

L'alimentation du bébé doit être uniquement composée
de lait maternel;
de lait en poudre acidifié et sucré avec du Nutromalt par exemple (conformez-vous bien au mode d'emploi).

Dès le début du quatrième mois

Si vous n'allaitez pas votre bébé, commencez à lui donner du lait de vache (lait de ferme) à moitié écrémé, coupé d'eau – ⅔ de lait et ⅓ d'eau – et acidifié à l'acide lactique. Utilisez uniquement de l'acide lactique liquide (pas en pastilles) et faites préparer le mélange suivant à votre pharmacien: 60 g d'acide lactique pour 500 g d'eau. Comptez 1 cuillère à café de ce mélange pour 100 g de lait, que vous versez lentement dans le lait bouilli et refroidi, en battant énergiquement au fouet. Vous pouvez préparer à l'avance la quantité de lait nécessaire pour la journée.
Pendant ce quatrième mois, le lait peut être sucré (dans une proportion de 10%) avec du sucre de fruits. Il est nécessaire également que votre enfant absorbe quotidiennement 10 gouttes d'huile de lin (Bioline) et 1 cuillère à café de jus de citron. Par ailleurs, mettez 10 g de riz ou de sarrasin fraîchement moulus (les moudre deux fois pour que la céréale soit aussi fine que possible) dans l'un des biberons de la journée et, si votre bébé le supporte bien, passez à 15 g au bout de deux semaines. C'est pendant cette période que vous pouvez aussi commencer à lui donner chaque jour 1 à 2 cuillères à café de banane ou de pomme de terre bouillie écrasées et mélangées avec un peu de lait du biberon.

Dès le début du cinquième mois

La quantité journalière d'huile de lin (Bioline) peut passer à 20 gouttes, celle de céréales moulues à 20 g, le nombre de cuillères à café de banane ou de pomme de terre bouillie à 3 ou 4.
En outre, remplacez l'un des biberons quotidiens par 250 g de bouillon de légumes maison, que vous préparez avec des carottes, céleris, asperges, fenouils, laitues, scorsonères, bettes, mais jamais avec des choux ou des légumes qui provoquent des gaz intestinaux. La moitié de la ration journalière de céréales moulues peut être ajoutée à ce bouillon.

Dès le début du sixième mois

Commencez à sucrer quelques biberons avec du miel, mais seulement avec du miel garanti pur et non extrait à chaud (voir p. 31).

L'alimentation d'une journée doit comprendre:

1 litre de liquide (quantité que l'on devrait d'ailleurs absorber toute sa vie), constitué par ½ litre de lait acidifié, coupé de 2,5 dl d'eau (ou 2 tétées si vous nourrissez encore votre enfant au sein), et 2,5 dl de bouillon de légumes.
25 g d'une céréale fraîchement moulue (riz, sarrasin, avoine ou orge).
5 à 6 cuillères à café de banane ou de pêches, abricots, framboises, mûres, pommes (râpées), ou encore de pomme de terre bouillie, écrasés.
2 cuillères à café de jus de citron ou de pamplemousse (toujours pas de jus d'orange).
1 amande pilée très finement.
1 cuillère à moka d'huile de lin (Bioline).
1 à 2 cuillères à café de yogourt maison.

Voici maintenant une suggestion pour la répartition des repas:

le matin: 1 biberon de lait sucré avec du miel.

à midi: mini-crème Budwig, préparée avec le yogourt, l'huile de lin (Bioline) bien émulsionnée, l'amande pilée, 3 cuillères à café d'un fruit et la moitié de la ration de céréale.

à 16 h.: 1 biberon de lait.

le soir: 1 soupe préparée avec le bouillon de légumes, 3 cuillères à café de pomme de terre écrasée et le reste de la ration de céréale.

A partir de 7 mois

Aucun changement dans l'alimentation, sinon que la quantité journalière de céréales passe à 30 g, le nombre de cuillères à café de fruits ou de pomme de terre à 7 ou 8.

A partir de 9 mois

Vous pouvez commencer à mettre 1 cuillère à café de fromage blanc maigre dans la crème Budwig, alors que la quantité journalière de céréales passe à 40 g, le nombre de cuillères à café de fruits ou de pomme de terre à 9. Le millet peut figurer parmi les céréales consommées jusqu'alors.

A partir d'une année

C'est le moment où vous introduirez peu à peu les composantes d'une alimentation légère d'adulte, en donnant à l'enfant:

des légumes cuits, en purée;
du fromage blanc maigre;
1 cuillère à soupe de foie de veau cru, haché fin, ou un peu de jambon très maigre (deux fois par semaine);
des bouillies de céréales complètes faites à la maison;
des croûtes de pain, puis du pain;

Continuez à donner de la mini-crème Budwig, en augmentant la quantité de fromage blanc maigre (2 c. à café) et celle d'huile de lin (1 c. à café). Si vous souhaitez que votre enfant consomme des œufs, ne soyez toutefois pas trop pressée. Attendez qu'il ait 18 mois et ne lui en faites manger qu'un par semaine.

Vers l'âge de 2 ans, la quantité de crème Budwig peut correspondre à une demi-ration d'adulte et, *vers 4 ans*, à une ration complète.

Retardez le plus possible la distribution de bonbons et de sucreries: ils arrivent toujours trop tôt dans l'alimentation!

Règle immuable, à suivre scrupuleusement!

Lorsque vous introduisez de nouveaux aliments dans la nourriture de votre enfant, n'en donnez qu'*un à la fois* et pendant trois jours, puis introduisez-en un autre pendant trois jours, etc. Cela vous permettra de déterminer avec certitude s'ils sont bien tolérés.
A titre d'information, le poids idéal de votre bébé devrait être, à l'âge d'un an, de 9,5 kg, avec une marge de 250 g en plus ou en moins (9,250 à 9,750 kg).

Tout ce qui précède ne doit en aucun cas vous inciter à ne pas consulter un pédiatre régulièrement.

QUELQUES MENUS

1er jour

Petit déj.	corn-flakes maison 1 tasse d'infusion de menthe
Déjeuner	1 fruit de saison crème Budwig 1 jus de fruit maison noix, noisettes, si vous avez encore faim
Dîner	1 jus de carottes 1 yogourt maison additionné de fruits et d'amandes effilées 1 potage aux céréales

2e jour

Petit déj.	crème Budwig 1 tasse de thé de thym
Déjeuner	1 jus de carotte rouge (ou autre) salade de fruits et graines oléagineuses fromage blanc maigre additionné d'un peu de graines de moutarde moulues, de jus de citron, de marjolaine et d'herbes aromatiques fraîches salade de tomates
Dîner	1 yogourt maison additionné de fruits, de jus de citron et de miel semoule de millet assaisonnée avec un cube de bouillon végétal, du thym, de la ciboulette, + 1 jaune d'œuf cru salade panachée

3e jour

Petit déj.	1 fruit 1 yogourt maison nature 1 tisane de romarin
Déjeuner	1 jus de fruits salade de saison crème Budwig noix, noisettes, si vous avez encore faim
Dîner	1 assiette de salades variées, par exemple des carottes, tomates, mâche, et décorée de radis, de rondelles d'oignons et de ciboulette purée de céréales sucrée avec du miel infusion de tilleul

4e jour

Petit déj.	cocktail de céréales thé de jasmin
Déjeuner	salade de fruits crème Budwig potage vert glace maison
Dîner	jus de fruit fromage blanc maigre battu avec du jus de citron + banane, fruits de saison ou congelés (framboises, mûres, fraises) corn-flakes maison tisane de fenouil-anis

Régime Jacqmine

Le régime Jacqmine est un régime naturel, qui redonne de la vitalité et aide donc à retrouver une bonne forme en cas de fatigue, voire de maladie. Il est destiné aussi bien aux adultes qu'aux enfants.

Il est recommandé de commencer ce régime en nettoyant d'abord l'intestin par un lavement (infusion de camomille ou de thym). Votre corps bénéficiera ainsi plus rapidement des bienfaits du régime Jacqmine et vous «récupérerez» d'autant plus vite.

C'est un régime sans viande, donc pauvre en prurines et en sel, qui consiste à manger les aliments sous leur forme naturelle, c'est-à-dire crus ou si peu cuits qu'ils ont valeur d'aliments crus. Vous pouvez le prolonger assez longtemps, suivant le besoin que vous en éprouvez.

Nous vous donnons ci-après, pêle-mêle, quelques suggestions d'aliments et boissons adéquats:

Aliments: crème Budwig (p. 25) – corn-flackes maison (p. 69) – cocktail de céréales (p. 68) – fruits frais – fruits secs – salades de fruits – fruits farcis (p. 73) – glace maison (p. 73) – crème de fruits avec fromage blanc maigre – dessert Isabelle (p. 71) – yogourt préparé uniquement à partir de lait entier, tiédi mais non bouilli au préalable (c'est pourquoi il faut être sûre de la provenance de ce lait de ferme), à consommer nature, enrichi de fruits ou de graines oléagineuses, de miel ou encore d'herbes aromatiques fraîches – potages non cuits (pp. 27 et 28) – semoule de millet, mais pas cuite plus de 40 à 50 secondes – purée de céréales préparée comme la semoule de millet – légumes crus – salades.

Boissons: jus de fruits frais, pressés à la maison: citron, pamplemousse, pomme, orange, etc. – jus de légumes maison – tisanes: menthe, tilleul, verveine, jasmin, thym, romarin, fenouil-anis, cynorrhodon.

Si vous êtes malade, faites, en plus du lavement, une «diète» aux fruits pendant 24 heures avant de commencer les journées de régime Jacqmine.

Afin de vous faciliter la tâche, voici des menus élaborés pour quelques jours de régime et à partir desquels, nous l'espérons, vous pourrez en imaginer d'autres (voir pp. 48 et 49).

Deuxième partie

MANGER SAINEMENT...
et guérir

Chacun de nous doit se sentir le droit de prendre en mains sa propre santé.

Prof. Schär, dir. de l'Institut
de médecine sociale et préventive
de l'Université de Zurich

CHAPITRE VI

Cette deuxième partie s'adresse spécifiquement aux personnes mal portantes.

C'est toujours en m'inspirant des enseignements du Docteur Catherine Kousmine que j'ai écrit le texte qui va suivre.

Qu'elle trouve ici l'expression de toute ma reconnaissance. J'ai également bénéficié de l'aide précieuse de Madame Christiane Lettry que je remercie très vivement. Dans son livre «Soyez bien dans votre assiette jusqu'à 80 ans et plus» (éd. Tchou, Paris), la doctoresse Kousmine explique les CAUSES de certaines maladies. Le texte qui suit vous apprendra les MOYENS de soigner ces maladies par le biais de l'alimentation.

Et les «bien portants», que trouveront-ils dans ce qui va suivre?

Bien des choses, à vrai dire, et pour commencer: la façon d'offrir à leur organisme une cure de jouvence. Les chapitres VIII, IX et X leur seront en effet du plus grand secours s'ils éprouvent le besoin d'une «remise en forme». Et qui d'entre nous n'en éprouve pas régulièrement la nécessité?... Au printemps, par exemple, pour éliminer les fatigues de l'hiver. En période de surmenage physique ou intellectuel si fréquent dans notre vie professionnelle, ou lors d'un choc émotionnel grave. Il est certain que la modification de vos habitudes alimentaires n'enlèvera rien à l'intensité d'un chagrin ou à la gravité de vos soucis, mais elle vous permettra à coup sûr de les surmonter avec des forces psychiques et physiques renouvelées.

Et si vous n'êtes pas encore convaincus, réfléchissez quelques instants au stress et à l'agitation de la vie moderne qui, dès notre passage sur les bancs de l'école, nous impose en permanence une course contre la montre pour «trouver» le temps de tout faire, au lieu de «l'avoir» tout simplement.

Les recettes détaillées dans les chapîtres VIII, IX et X constituent une véritable cure pour l'organisme, car elles lui permettent de retrouver son équilibre et de renouveler son potentiel d'énergie. Quant aux chapitres XI à XIV, ils représentent, pour les lecteurs en bonne santé, une mine d'idées neuves et originales pour étonner leurs convives et varier leurs menus.

Puissent ces conseils et ces recettes être utiles à tous ceux, de plus en plus nombreux, qui se rendent compte que la guérison des maladies participe à la fois d'une prise en charge personnelle de leur cas, d'un régime alimentaire sain, équilibré et composé d'aliments naturels, d'une parfaite hygiène de vie, d'un bon moral, et des conseils éclairés de leur médecin.

N.B.: Les recettes et les menus ne sont pas destinés à des malades qui doivent suivre un régime spécifique comme, par exemple, les diabétiques. Ils s'adressent en revanche à toute personne atteinte d'une maladie dégénérative, selon la définition qu'en donne le Docteur Kousmine.

CHAPITRE VII

Régimes pour malade

La nourriture règne en souveraine sur la vie et la santé.

Dr Katase, Japon

Les maladies ne nous tombent pas du ciel, elles se développent par suite de péchés journaliers contre la nature. Quant ils se multiplient, ils se manifestent tout d'un coup.

Hippocrate

RÉGIME POUR MALADES

Règles de base

1. *A supprimer totalement:*
   a. Le tabac: remplacez-le éventuellement par une demi-bouchée de lécithine, si vous vous sentez en état de «manque». Consultez votre médecin à ce sujet.
   b. L'alcool: remplacez-le par des jus de fruits ou de légumes fraîchement pressés.
   c. Le café: remplacez-le par du thé léger et par des infusions (voir page 82).
   d. Le beurre.

2. *Corps gras:*
   Les seuls corps gras indispensables par périodes de 24 heures sont 1 à 2 cuillères à soupe d'huile vierge pressée à froid, soit: Bioline (dans la crème Budwig), Schweizer (huile de tournesol), Ritter (huile de germe de blé), consommées **crues**.
   Supprimez TOUS les autres corps gras et ne les cuisez en aucun cas.

3. *Problèmes intestinaux:*
   Veillez à avoir les intestins toujours propres.
   En cas de désordre: 1 litre de camomille en lavement.
   En cas de diarrhée: jeûnez pendant une journée.

4. *Fruits et crudités:*
   Consommez tous les jours:
   - 100 à 200 g. de jus de fruits ou de légumes fraîchement pressés,
   - des crudités au début de chaque repas. Les crudités doivent représenter au minimum 10% de la valeur du repas.

5. *Céréales:*
   Consommez à tous les repas des céréales complètes (concassées ou moulues). Veillez à manger lentement. Les céréales moulues peuvent se mélanger à quantités de mets, il suffit d'oser, d'innover! (Je vous conseille de relire à ce sujet les pages consacrées aux céréales aux pages 120 et suivantes).

6. *pH urinaire:*
   Contrôlez chaque jour votre pH urinaire (voir p. 39 . N° 7).

7. *Conseils d'ordre général:*
   - Consommez exclusivement et une fois tous les deux jours des viandes et des poissons MAIGRES.
   - Ne mangez ni œufs cuits, ni blanc d'œuf. En revanche, un jaune d'œuf cru est parfaitement toléré plusieurs fois par semaine (demandez conseil à votre médecin).
   - Pour compenser l'absence de pain, si vous avez l'impression de ne pas avoir assez mangé, croquez quelques noix, noisettes, amandes, graines de tournesol etc.
   - Supprimez les fromages gras et cuits pour ne consommer que des fromages maigres. En cherchant bien vous serez étonnés du choix que vous trouverez sur le marché.
   - Pour faire passer une envie de sucre, pensez aux dattes, aux figues, aux raisins secs et aux ananas déshydratés.
   - Vous pouvez utiliser telles quelles ou en les adaptant une grande partie des recettes.
   - Faites preuve d'imagination pour varier vos menus et éviter la monotonie.
   - Soyez patients et ne vous découragez pas après un ou deux éventuels échecs. N'oubliez pas que vous devez prendre le temps d'acquérir de nouvelles habitudes alimentaires et d'oublier les anciennes.
   - Ce régime est conçu pour des personnes atteintes de maladies dégénératives ou d'affections graves (telles que: maladies chroniques, rhumatismes, polyarthrites psoriasis, artériosclérose, sclérose en plaque, maladie de Parkinson, cancer, etc.). Le fait de suivre ce régime n'exclut cependant et surtout pas les conseils de votre médecin!

Il est des maladies qui ne se soignent que par l'alimentation

Hippocrate

Un homme sur trois et une femme sur six meurent de vieillesse du cœur avant l'âge de 60 ans. Il est établi qu'ils meurent de ce qu'ils mangent et on connaît le mécanisme qui conduit des nourritures aux maladies mortelles cardio-vasculaires.

M. Apfelbaum

Trois semaines de menus-régime

Tous les matins, petit-déjeuner:
Crème Budwig, p. 25.
Thé ou tisane, citronnée ou non

1re semaine

1er jour

Midi

Salade de carottes, garnie de noix, persil ou autre herbe de saison
Millet *
Haricots aux champignons *
Salade panachée (sauce *)
Viande séchée

Soir

Salade de fruits avec raisins
et noisettes
(sucrer au miel)
Tomates farcies crues *
Salade verte

* recettes données au chapitre XIII

2e jour

Midi

Fruit de saison arrosé d'un coulis de fraises * (fraîches ou congelées)
½ pommes de terre au cumin *
Légume de saison à l'étouffée
Tranches de veau de mer rôties
(avec une poêle qui permet de cuire les aliments sans corps gras ou une poêle en fonte)
Salade au choix

Soir

Assiette de crudités
Galettes de céréales sucrées *

3e jour

Midi

½ pamplemousse nature
Potage vert *
Salade de soya rouge (azukis) *
Pommes vapeur garnies *

Soir

Tomates crues + fromage blanc aux fines herbes, assaisonné d'un peu d'extrait vitaminé à base de levure de bière (Cénovis) et d'un jaune d'œuf cru
Semoule de millet sucrée au miel *
Purée de pommes aromatisée d'un jus d'orange ou de citron fraîchement pressé (préparation pour 2 repas)

* recettes données au chapitre XIII

4e jour

Midi

1 tranche d'ananas ou de melon décorée de fruits rouges (ou d'un coulis *)
Orge aux légumes (Voir p. 131 sous riz complet aux légumes) avec fromage maigre + 1 jaune d'œuf
Salade de saison

Soir

Salade de céleri-rave et pomme *
ou jus de carottes frais
(Voir p. 103, chiffre 11)
Purée de châtaignes sèches
avec reste de purée de pommes de la veille

5e jour

Midi

Salade endives-oranges *
ou dessert Isabelle *
Œufs pochés sur toast
(pain rôti au grille-pain)
Coulis de tomates fraîches *
Salade de céleri ou de chou

Soir

Frappé au fromage blanc maigre (fromage à la louche) avec framboises *
Potage aux poireaux *
Poires au four *

* recettes données au chap. XIII

6e jour

Midi

Radis, tomates et (ou) carottes
+ fromage blanc et gomasio
Purée de céréales *, jaune d'œuf et fromage râpé ¼ gras (en cuire pour 2 fois, mettre la moitié de côté sans œuf ni fromage)
Salade de saison et (ou)
Un légume de saison à l'étouffée

Soir

Jus de carottes frais ou carottes râpées
(Voir p. 103, ch. 11)
Salade de pâtes fraîches maison ou salade de lentilles (préparation pour 2 repas)
Dans la salade ajouter: noix, amandes et (ou) fines herbes, tomates, radis, petits pois cuits, carottes, raisins secs, etc.
Salade verte

7e jour

Midi

Salade de fenouil
Langue de bœuf ou bouilli *
(pour 2 fois)
Mais cuisez de l'orge complète à la place des pommes de terre
Salade panachée

Soir

1 tranche d'ananas ou de melon
Reste de purée de céréales *
Céleri jardinière *
Salade verte

* recettes données au chapitre XIII

2e semaine

1er jour

Midi

½ pamplemousse
Reste de pâtes gratinées (ou lentilles) avec sauce blanche * et fromage râpé ¼ gras
(Glissez quelques rondelles de tomates dans votre gratin)
Champignons de Paris en salade *

Soir

Tarrator ou salade de céleri-pomme *
Croûtes aux fraises * (été)
Croûtes aux bananes * (hiver)

2e jour

Midi

1 fruit de saison arrosé d'un coulis de fruits frais ou congelés *
Avoine (cuite comme du riz)
+ 1 jaune d'œuf (en cuire pour 2 fois)
Salade de tomates (ou de chou)

Soir

Assiette de crudités et sauce
yoghourt *
Reste de langue ou de bouilli froid
Avec un légume de saison ou des pommes de terre au four *

* recettes données au chapitre XIII

3e jour

Midi

Tomates, radis et (ou) céleri
+ fromage blanc maigre (relevé de fines herbes de saison et de Cénovis)
Jardinière de légumes de saison cuits à la vapeur
Pommes de terre au lait (écrémé) sans beurre (battre longtemps au fouet)
Salade verte ou scarole + noix

Soir

½ pamplemousse ou jus de fruit frais
Semoule de millet * avec 1 jaune d'œuf et beaucoup de fines herbes (en cuire pour 2 fois et réserver la moitié sans assaisonnement)
Salade

4e jour

Midi

Jus de carottes
Viande hachée (apprêtez-la selon la recette des champignons en légume, en rôtissant la viande d'abord sans corps gras, et en procédant comme indiqué
(Voir p. 152)
Pommes de terre en robe des champs
Salade

Soir

Pommes râpées *
Tarte avec le reste d'avoine *
Salade de céleri
Compote de fruits (Voir p. 176, pour 2 fois)
Préparez vos céréales pour le lendemain midi

* recettes données au chapitre XIII

5e jour

Midi

1 tranche d'ananas ou de melon
Beefsteak de céréales *
Coulis de tomates fraîches *
Salade de saison

Soir

1 assiette de salade selon votre envie
Reste de semoule *
Pain maison et fromage blanc maigre
(Voir liste chap. XI, N° 14)

6e jour

Midi

1 fruit
Carottes et pois cuits à l'étouffée avec quelques petits oignons et une branche d'estragon
Servir généreusement persillé (ou accompagné de 2 autres légumes)
Pil-Pil (cuit comme du riz, mais 5 min. seulement et sans trempage préalable)
Salade d'endives ou
de champignons crus *

Soir

Souper cheminée
(Voir chap. XI, ch. 15)
Dessert: Reste compote de fruits ou pommes cuites dans la cendre

* recettes données au chapitre XIII

7e jour

Midi

½ pamplemousse (rose pour changer!)
Osso bucco *
(Prévoir pour 2 fois)
Salade scarole, verte ou endives

Soir

Melon ou ananas farci *
Pommes en gratin *
Pain au noix * ou
Cake aux fruits *

* recettes données au chapitre XIII

3e semaine

1er jour

Midi

Frappé au fromage blanc maigre
(fromage à la louche, chap. XI, chiffre 1), agrémenté de framboises, de fraises, de myrtilles ou de cassis (frais ou congelés)
Reste d'osso bucco (à réchauffer lentement en y ajoutant un peu d'eau)
Salade mixte de saison

Soir

Dessert Isabelle avec le fruit de votre choix *
Crêpes *
Vous pouvez fourrer vos crèpes avec – au choix –:
truite, saumon fumé, viande séchée, garniture d'oignons *, champignons en légumes *
Dessert: une crêpe fourrée avec de la salade de fruits sucrés au miel

2e jour

Midi

Salade de céleri * ou Tarrator *
Potiron en légume (Voir p. 158, mais alors faire cuire l'oignon dans un peu de vin ou de lait)
Galette de céréales *
Salade

Soir

½ pamplemousse ou pomélo
Potage de légumes
(Voir sous «Potages» p. 118)
Pain complet maison *
Pommes au four * ou
soufflé au riz (chap. XI, p. 98)

* recettes données au chapitre XIII

3e jour

Midi

Salade de choucroute * ou
Tomates farcies crues *
Blé vert avec légumes
+ 1 jaune d'œuf
(Voir recette riz complet avec légumes, p. 131)
Cuire pour 2 repas
Salade de saison

Soir

Poires râpées *
½ courgette garnie (voir p. 153 sous tomates farcies)
Salade d'endives ou de mâche, selon la saison (chap. XI, p. 96)
Pain complet maison (reste)

4e jour

Midi

Salade mixte de saison
Choucroute biologique ou maison *
Pommes de terre vapeur (ou au four) *
Viande séchée
Salade verte

Soir

Salade de fruits
Corn-flakes maison * (ni blé ni seigle)
Purée de pommes (Voir p. 176, sous compote de fruits)
(En préparer pour 2 repas)

* recettes données au chap. XIII

5e jour

Midi

Salade de tomates
Gratin de céréale, avec reste de blé vert, sans jambon
(Voir page 131, sous gratin de riz et légumes)
Salade verte, endives ou scarole + noix ½ pamplemousse au four *

Soir

Frappé au fromage blanc maigre *
Pommes de terre au gratin *
Salade
Reste de purée de pommes assaisonnée d'un jus d'orange ou de citron fraîchement pressé

6e jour

Midi

Jus d'orange fraîchement pressé
(Voir page 103, N° 11)
Steack grillé (poêle spéciale pour cuisson sans corps gras ou poêle en fonte)

Soir

Jus de carottes frais
Pain au son *
Salade de riz
ou soufflé de riz
(Voir chap. XI, p. 98)

* recettes données au chapitre XIII

7e jour

Midi

Salade de fruits
Poisson cuit au four dans du papier d'alu avec des fines herbes, du gomasio et des tranches de tomates (truite, féra, loup, colin, etc.)
Fenouil au gratin *
Salade de carottes

Soir

Salade
Pommes de terre vapeur (ou cuites dans la cendre de votre cheminée)
Choix de fromages maigres
(chap. XI, p. 101)
Glace aux fruits * (3e manière) garnie d'un coulis de fruits * et d'une tranche d'ananas de melon ou de pêche

* recettes données au chapitre XIII

Cette espèce ne pourra être sauvée que par la prière et par le jeûne.
Saint Matthieu 17: 21

Les forces spirituelles de l'homme s'améliorent pendant le jeûne.
Dr Shelton

CHAPITRE VIII

Le jeûne

LE JEÛNE

Généralités

Le jeûne peut être une excellente pratique pour la santé, car il permet à l'organisme de se purifier tout en se désintoxiquant. Pendant un jeûne, le corps vit sur ses réserves, principalement celles de graisses excédentaires. Dans notre société de consommation, il est rare de rencontrer une personne sous-alimentée... la plupart de nos concitoyens ont plutôt tendance à souffrir de sur-alimentation, et leur corps a suffisamment de réserves pour supporter un jeûne. Outre les réserves superflues que notre corps accumule, nous sommes intoxiqués par tous les déchets du métabolisme que notre organisme n'utilise pas. Ici, encore, le jeûne s'avère bénéfique, puisqu'il permet à l'organisme de les brûler et de les éliminer.

Si vous jeûnez pour la première fois, vous serez étonné de constater que vous pourrez produire des selles consistantes jusqu'à la troisième semaine, et ce malgré des lavements réguliers. Ce phénomène prouve que votre corps se défait, pour votre plus grand bien, de ses résidus les plus cachés. Il élimine également ses déchets par d'autres canaux, à savoir la peau, la langue et les reins. Le jeûne lui apporte en outre un salutaire repos physiologique.

L'Histoire nous apprend que, dès l'Antiquité, des sages, des philosophes et des religieux ont pratiqué le jeûne, non seulement pour purifier leur corps, mais aussi leur esprit. Moïse jeûna quarante jours sur le Mont Sinaï. Très souvent, Jésus se retirait dans le désert pour prier et jeûner. Socrate, Platon jeûnaient régulièrement, et Pythagore n'admettait un élève dans sa classe que lorsqu'il avait pratiqué un long jeûne. Les animaux aussi savent jeûner. Observez votre chat ou votre chien; lorsqu'ils sont malades, ils appliquent d'instinct le précepte de Plutarque: «Plutôt que d'avoir recours à la médecine, jeûne un jour!». Le saumon mâle n'absorbe aucune nourriture pendant la saison du frai, les pingouins font de même pendant la période d'accouplement.

Lorsqu'on la supporte bien, la pratique du jeûne est extrêmement bénéfique. Personnellement, je jeûne une fois par année depuis plus de quinze ans, toujours en mars; c'est ma mise en forme printanière. Il faut remarquer, d'ailleurs, que tous les peuples qui jeûnent, soit par conviction, soit par nécessité alimentaire, le font toujours avant Pâques. Un grand nombre de médecins, dont les Docteurs Kousmine et Bertholet, reconnaissent d'ailleurs les bienfaits du jeûne.

Dans son livre «L'Homme, cet Inconnu» (Plon), Alexis Carrel souligne avec une grande pertinence l'importance du jeûne: «Dans la vie primitive, les hommes étaient soumis à des périodes de jeûne. Quand la disette ne les y obligeait pas, ils se soumettaient à cette épreuve de façon volontaire. Toutes les religions ont insisté sur la nécessité du jeûne... Le jeûne a joué un rôle considérable dans la survie de la race humaine.»

Le texte suivant, qui est attribué à Cicéron et rapporté par Montaigne est également plein d'enseignements: «Ce Pomponius Atticus étant malade, fit appeler Agrippa, son gendre, et deux ou trois de ses amis. Il leur dit qu'ayant essayé de vouloir se guérir, et que tout ce qu'il faisait pour allonger sa vie, allongeait aussi et augmentait sa douleur, il était délibéré [1]de mettre fin à l'un et à l'autre, les priant de trouver bonne sa délibération, et au pis aller, de ne perdre point leur peine à l'en détourner. Or, ayant choisi de se tuer par abstinence, voilà sa maladie guérie par accident: ce remède qu'il avait employé pour se défaire [2] le remet en santé». [3]

2. Quelques règles à observer

Que vous jeûniez par conviction, par philosophie, pour améliorer votre état de santé ou sur ordre médical, je vous conseille de respecter scrupuleusement les points suivants, *car leur importance est capitale:*

1. Faites votre premier jeûne sous surveillance médicale, de façon à ce que votre médecin puisse déterminer comment vous le supportez.

2. Renoncez au thé noir, au café, au tabac et à l'alcool pendant cette période.

3. Faites précéder le jeûne, et accompagnez-le ensuite quotidiennement ou tous les 2 ou 3 jours, de lavements qui nettoieront vos intestins et permettront à leur muqueuse de se régénérer (voir p. 79 et suivantes).

4. Pendant la durée du jeûne, dès que le sensation de faim disparaît, VOUS DEVEZ VOUS SENTIR MIEUX QUE D'HABITUDE. Dans le cas contraire, arrêtez immédiatement. Personnellement, je me sens plus détendue, plus vive d'esprit et moins fatiguée. J'ai en outre de meilleurs réflexes et je dors mieux.

5. Jeûnez pendant 3 à 8 jours (ou plus si votre médecin vous le prescrit), mais ne faites EN AUCUN CAS un concours d'endurance. Il ne s'agit pas d'un jeu mais d'un moyen thérapeutique, en particulier lors de poussées rhumatismales.

6. Lorsque vous cessez de jeûner, revenez *très* progressivement à la quantité de nourriture habituelle. Pour une semaine de jeûne, cela vous prendra 3 jours au moins. Commencez par ajouter des fruits crus (si vous jeûnez avec des jus de fruits ou selon la méthode du Docteur Mayr) puis poursuivez, pendant les premiers jours, comme pour les semaines de régime cru (p. 81 et suivantes).

7. Ne jeûnez jamais en n'absorbant que de l'eau.

[1] Veut dire: décidé.
[2] Veut dire: se supprimer.
[3] Jean Palaiseul, *Nos Grands-mères savaient.*

Beaucoup de choses renaîtront, qui étaient oubliées.

Horace

Notre esprit a une tendance naturelle à rejeter ce qui n'entre pas dans le cadre des croyances scientifiques ou philosophiques de notre époque.

Alexis Carrel

CHAPITRE IX

Régimes

Laisse ce qui est naturel aussi naturel que possible.

Kollath

L'alimentation complète avec beaucoup d'aliments crus procure une merveilleuse action curative.

Dr Bircher-Benner

1. RÉGIME RÉÉQUILIBRANT ÉNERGIQUE

Ce régime, destiné aux personnes atteintes de maladies dégénératives graves ou chroniques, a été établi par la doctoresse Kousmine d'après l'hypothèse de travail qu'elle expose dans son livre (voir référence dans la bibliographie). Avant d'entreprendre ce régime, je vous conseille vivement d'en relire les chapitres 1, 2, 3, 13 et 15 qui vous permettront de comprendre exactement quel rapport il y a entre la nourriture habituelle de notre monde moderne et les troubles qui mènent aux maladies dégénératives.

Ces chapitres expliquent que le chemin de la guérison passe par le rééquilibre de la fonction intestinale. Ils vous apprendront les moyens qui permettent à la muqueuse intestinale de se régénérer afin de pouvoir pleinement jouer son rôle: celui de vous protéger efficacement en empêchant le passage de substances toxiques des intestins dans l'organisme.

Pour compléter l'efficacité du régime rééquilibrant décrit plus loin, la doctoresse Kousmine préconise de l'accompagner de lavements. Ces derniers doivent être effectués chaque soir, pendant trois à dix jours d'affilée selon la gravité du cas, et jusqu'à vingt-et-un jours pour les cas graves (ou selon les prescriptions du médecin traitant).

Pour effectuer ces lavements, utilisez un à deux litres d'infusion de camomille. Une fois l'intestin vidé, vous y instillerez aussi chaque soir, quatre cuillères à soupe d'huile de tournesol tiédie (40 ml.) que vous garderez durant la nuit (*huile Schweizer uniquement*). Pour cela, vous utiliserez une poire à lavement pour bébé (100 ml). Vous prendrez garde d'instiller la quantité d'huile en une pression complète de la poire, afin d'éviter un apport d'air superflu et désagréable. L'huile de tournesol, très riche en vitamine F, activera la régénération de la muqueuse intestinale.

Pour faire un lavement, la meilleure position est de se mettre à genoux, sur un tapis de plastique recouvert d'un épais linge éponge plié en deux, la tête plus basse que le postérieur. Cette position est plus facile aussi pour les malades qui ont l'anus et la vessie atrophiés. Il est préférable de se faire aider, les premières fois en tout cas (voir dessin A).

A

Si vous aimez mieux faire votre lavement étendu, prenez la précaution de surélever le pied de votre lit et de vous coucher sur le côté gauche en position du foetus. Faites couler le liquide lentement.
Vous pouvez aussi vous aider d'un tabouret, en vous tenant debout, les bras appuyés sur le tabouret (voir dessin B). Si vous n'avez jamais fait de lavement, commencez avec ½ litre et augmentez chaque soir de ¼ de litre.

Contre-indication aux lavements: crise d'appendicite, appendicite chronique, intervention chirurgicale des intestins.
En cas de doute, demandez l'avis de votre médecin.

Je ne résiste pas à l'envie de citer une page de l'Evangile de la Paix de Jésus-Christ par le disciple Jean (d'après les anciens textes araméens et slavons, par Edmond Székely, Ed. Genillard, Lausanne, Primerose 9) qui vous montrera, une fois de plus, qu'en ce temps-là déjà, on savait se soigner par des méthodes naturelles. Donc Jésus disait ceci: «Pour ce faire, procurez-vous une grosse calebasse ayant une tige rampante de la longueur d'un homme; videz la calebasse de son contenu et remplissez-la avec de l'eau de la rivière que le soleil a réchauffée. Suspendez la calebasse à la branche d'un arbre, agenouillez-vous sur le sol devant l'ange de l'eau et souffrez que l'extrémité de la tige de la calebasse pénètre dans votre postérieur afin que l'eau puisse s'écouler par toutes vos entrailles. Puis restez à genoux, sur le sol, devant l'ange de l'eau et priez le Dieu de vie qu'Il vous pardonne tous vos péchés passés et demandez à l'ange de l'eau de libérer votre corps de toutes ses souillures et de toutes ses maladies. Alors, laissez l'eau s'écoulez de votre corps, en sorte qu'avec elle, soit éliminé de votre intérieur tout ce qui procède de Satan, tout ce qui est impur et malodorant. Et, avec vos yeux, vous verrez et avec votre nez, vous sentirez toutes les abominations et les impuretés qui salissaient le temple de votre corps et en même temps vous vous rendrez compte de tous les péchés qui habitaient en vous et vous tourmentaient de toutes sortes de maux. Je vous le dis, en vérité, le baptème d'eau vous délivre de tous ces maux. Chaque jour de votre jeûne, renouvelez ce baptème d'eau et persistez jusqu'au jour où vous verrez que l'eau qui s'écoule de votre corps est aussi pure que l'écume de la rivière.»

2. LE RÉGIME CRU

Pendant la première semaine de ce régime rééquilibrant, vous vous nourrirez de fruits frais et *crus*, en petite quantité, et *de jus de fruits fraîchement pressés* (voir p. 103, chiffre 11). Mangez peu de fruits à la fois, en plusieurs petits repas par jour. Mâchez longuement chaque bouchée. Prenez souvent des bananes et des pommes. Pensez aux coulis de fruits frais (voir recette à la page 177). Si vous achetez des jus de fruits, choisissez des jus de pommes complets (ils sont troubles) stabilisés par pasteurisation, sans adjonction chimique tels que colorants, conservateurs, stabilisateurs, etc., sans adjonction de *sucre* et non gazéifiés.

Deuxième semaine:

La désintoxication intense de l'organisme se poursuit. Pendant cette deuxième semaine de nourriture crue, vous aurez le choix, outre les fruits frais et les jus de fruits, entre:

les légumes crus:

les fruits secs, y compris les dattes, les figues, les ananas, les bananes;

les graines oléagineuses: noix, noisettes, amandes, cajous, pignes, tournesol, pavot, sésame;

les céréales moulues et crues (voir page 103, chiffre 10);

le miel;

les jaunes d'œufs crus mélangés dans les aliments (1 à 2 par jour);

la crème Budwig (voir recette p. 116);

le yoghourt maison, préparé de préférence avec du lait cru (lait de ferme) écrémé; le fromage blanc maigre fait à la maison ou celui du commerce (voir page 104, chiffre 14);

l'huile de tournesol vierge, pressée à froid (Schweizer).

Pensez à varier vos menus en utilisant les fruits de saison: noix de coco, kiwis (particulièrement riches en vitamines C), pastèques, melons blancs et jaunes et pomelos.

Rappelez-vous également que, à l'exception des haricots, des pois et des pommes de terre, vous pouvez consommer tous les légumes crus en salade: râpés, passés à la moulinette ou émincés.

N'hésitez pas à innover en expérimentant les salades de fenouils, de raves, de courges, de courgettes, de pâtisson, de chou-fleur, de poireau, de céleri (céleri-rave et en branches), de chou blanc ou rouge, de champignons de Paris, etc. Pour chaque légume, cherchez la graine oléagineuse et les herbes aromatiques qui en relèveront délicatement le goût, sans oublier l'aneth, le cumin, l'anis, la sarriette, l'estragon, le cresson, le basilic et la menthe.

Boissons

Jus de citron au miel;
Tisanes de menthe
verveine
citronnelle
anis et fenouil
mélisse
thym
romarin
jasmin
frais ou séchés, de préférence en vrac
purs ou mélangés selon votre inspiration

Le lait cru, écrémé et coupé d'eau, sucré ou non au miel.
Le thé noir léger.
Buvez vos tisanes pendant la journée, sucrées au miel le soir. Le miel aide à dormir. Mettez-y aussi du jus de citron, pour varier.

Menus pour la deuxième semaine

Après une semaine de jeûne aux fruits, il est conseillé de manger peu et légèrement pendant les deux premiers jours.

1er jour

Matin	Midi	Soir
Jus de pamplemousse frais Banane écrasée et battue avec un peu de miel *Boisson:* une tisane	Une tranche d'ananas ou de melon Une petite portion de crème Budwig * *Boisson:* une tisane	Une portion de céleri râpé, décorée avec des quartiers de pommes, quelques noix, de la ciboulette et arrosée avec un jus de citron. Tisane sucrée au miel ou tasse de lait coupé d'eau (sucré au miel ou non)

* recette donnée au chap. XIII

2e jour

Matin	Midi	Soir
½ pamplemousse sucré ou non au miel Dessert Isabelle * Une tisane	Une poire ou une pomme Une ration normale de crème Budwig Une tasse de thé léger	Carottes râpées avec fromage blanc maigre, fines herbes, jus de citron, noisettes et raisins secs

3e jour

Matin	Midi	Soir
Crème Budwig Tisane Il en sera de même tous les autres matins!	Cocktail de céréales aux fraises *, (ni au blé ni au seigle) Tomates farcies * Salade verte (voir recette sauce salade *) Tisane ou jus de fruits	Eté: salade céleri-rave pomme Hiver: salade endives-oranges Mettre sur la table un plat garni de fruits frais, oléagineux et fruits secs Tisane sucrée au miel ou Lait cru écrémé et coupé d'eau, sucré au miel

* recettes données au chap. XIII

4e jour

Midi

Dessert Isabelle au pamplemousse
Assiette de salades variées (4 ou 5 sortes) accompagnée de fromage blanc maigre aux fines herbes et de sésame moulu
1 tisane ou 1 verre de lait cru, écrémé, coupé d'eau et sucré au miel

Soir

Cocktail yoghourt *
Corn-flakes «maison» *
(ni au blé ni au seigle)
Tisane sucrée au miel

5e jour

Midi

1 tranche de melon, pastèque ou ananas
Tomates farcies *
(comme le 3e jour, mais changez de légume:
Céleri, radis, chou, par ex.)
Salade verte ou scarole, laitue ou épinards

Soir

En été: ½ pêche ou brugnon
En hiver: 1 tranche d'ananas recouverte d'un frappé au fromage blanc maigre *
Salade mixte à base de chou rouge, de carottes et de céleri avec, au centre de votre assiette, une portion de fromage blanc maigre aux fines herbes (le cumin ou l'aneth relèvent particulièrement bien le goût du chou)

* recettes données au chap. XIII

6e jour

Midi

Comme le 3e jour au soir, mais avec, comme entrée: rouleaux de laitues * (été), salade de choucroute * (hiver)

Soir

Pommes râpées *
Salade de champignons crus *
avec 1 jaune d'œuf dans la sauce
Mousse au fromage blanc maigre *
Tisane ou thé léger

7e jour

Midi

Légumes crus et sauce yoghourt *
Oléagineux et fruits secs
Thé noir léger, citronné

Soir

Comme au 4e jour à midi
Tisane sucrée au miel

* recettes données au chap. XIII

Troisième semaine

Cette semaine, vous ajouterez à vos menus les potages cuits trois minutes que vous ferez sur le modèle du «Potage vert». Vous trouverez cette recette dans la première partie à la page 119. Vous supprimerez le bouillon de légumes du commerce, sauf si votre médecin vous y autorise.
Je vous conseille vivement d'employer, comme condiment, des algues marines déshydratées (que vous trouverez dans les magasins de produits diététiques), du miso ou du tomari qui sont à base de soya, de céréales et de sel.
Vous ajouterez également les purées de céréales (en évitant le seigle et le blé) et en prenant garde à leur cuisson qui est très importante pour sauvegarder leurs principes vivants (voir page 130).

1er jour

Midi

1 portion de salade à votre choix
Potage vert additionné d'un jaune d'œuf
Fruits secs et oléagineux
Un jus de fruits frais

Soir

Frappé au fromage blanc maigre *
Tomates farcies de salade *
Tisane sucrée au miel

* recettes données au chap. XIII

2e jour

Midi

Tomates farcies 3e manière *
Semoule au millet * (en préparer pour deux repas)
Salade mixte ou
Salade d'épinards
(Vous réserverez la 2e portion de millet avant d'assaisonner, et la mettrez dans un moule avec des raisins secs)
Jus de fruits frais

Soir

Hiver: salade de céleri-rave, pomme *
Eté: pommes râpées *
Potage poireau-oignon-ail
(émincer finement ces 3 légumes ou passez-les à la moulinette, puis même marche à suivre que pour le potage vert)
+ un jaune d'œuf
Tisane sucrée au miel

3e jour

Midi

Dessert Isabelle
Purée d'orge *
(Au moment de servir, ajoutez un jaune d'œuf, une gousse d'ail pilé, des fines herbes hachées)
Salade panachée
Un jus de fruits frais

Soir

½ pêche (ou tranche de melon, ananas selon la saison) arrosée d'un coulis de fruits * et agrémenté d'un sorbet au jus d'agrume *
Oléagineux
Tisane sucrée au miel

* recettes données au chap. XIII

4e jour

Midi

Tomate avec fromage blanc maigre aux herbes et sésame moulu, servi avec une portion de salade
Frappé au fromage blanc maigre *
+ 1 jaune d'œuf
Oléagineux
Tisane

Soir

Eté: salade de votre choix
Hiver: salade d'endives avec une petite pomme acide coupée en petits dés et quelques noix
Pudding à la semoule de millet arrosé d'un coulis de fruits (frais ou congelés)
Tisane sucrée au miel

5e jour

Midi

Tarrator
Purée de céréales *
Salade mixte ou
Salade de champignons *
Jus de fruits frais

Soir

Poires râpées *
Cornflakes maison
Tisane sucrée au miel

* recettes données au chap. XIII

6e jour

Midi

Salade de fruits
Potage carottes-céleri-oignon-ail
(voir 2e jour, le soir)
+ un jaune d'œuf
Un jus de fruit frais

Soir

Jus d'orange ou pamplemousse
Légumes crus et sauce yoghourt *
Oléagineux et fruits secs
Tisane sucrée au miel

7e jour

Midi

Une portion de salade
Crèpes * farcies avec de la salade de fruits ou des fraises écrasées avec du miel
Thé noir léger

Soir

Salade verte
Tomates farcies dans lesquelles vous aurez mis le légume de votre choix *
Tisane sucrée au miel

* recette donnée au chap. XIII

Tout jeûne d'au moins vingt-quatre heures doit être complété par un lavage sérieux des voies digestives

Dr Oudinot

La diète est le remède de premier ordre;
L'estomac est le réceptacle des maladies;
On ne possède jamais la santé en remplissant son estomac;
Manger trop est le pire de tous les maux;
Le régime est le père des remèdes.

Extraits du Coran
cités par Sylvie Truffaut

CHAPITRE X

Une autre façon de jeûner

Si vous supportez mal le jeûne aux fruits, voici une autre façon de jeûner qui permettra également à vos intestins de se régénérer.
La veille du jeûne, commencez par faire un lavement. Nourrissez-vous ensuite de la façon suivante pendant quelques jours:
Trois ou quatre fois par jour, buvez une ou deux tasses de lait cru (lait de ferme ou lait en berlingot), écrémé ou non. Faites légèrement tiédir votre lait en y ajoutant un peu d'eau chaude et consommez-le avec quelques tranches de baguette parisienne (75 à 150 g. de baguette par repas). Faites préalablement sécher ces tranches, pendant 5 minutes, dans votre four préchauffé à 150e et laissez-les refroidir dans le four. Cette opération, qui simplifie la formule chimique des molécules d'amidon (dextrinisation ou dépolymérisation) et fait apparaître un goût légèrement sucré, correspond pratiquement à une pré-digestion. L'assimilation s'effectue ainsi sur un ou deux mètres d'intestin seulement, en en laissant six mètres au repos. Le revêtement de la muqueuse intestinale se détachera progressivement et fournira, dans les deux premiers jours, une selle nauséabonde. A partir de ce moment, vous vous sentirez de mieux en mieux.

IMPORTANT: **les repas lait-baguette ou ballons doivent être savourés lentement et durer aussi longtemps qu'un repas normal. Mâchez à fond chaque bouchée en avalant une petite gorgée de lait.**

Pendant ce jeûne, vous pouvez remplacer de temps en temps le lait par du yoghourt nature (1 tasse de lait pour 1 yoghourt). Pour éviter les additifs contenus dans les yoghourts vendus dans le commerce, ne consommez que du yoghourt que vous aurez préparé vous-même, et mangez-le SANS SUCRE.

Ce jeûne a été décrit par le Dr F. X. Mayr dans son livre «Darmträgheit» – La paresse intestinale (Neues Leben, 1967).

CHAPITRE XI

L'art et la manière

L'ART ET LA MANIÈRE

Si l'art de présenter les plats est généralement très apprécié, il est capital pour les malades dont il est indispensable de stimuler l'appétit... on mange d'abord avec les yeux!

La disposition des aliments a son importance, mais les couleurs ne doivent pas être négligées. C'est ainsi que deux ou trois framboises et quelques rondelles de kiwis joliment posées avec un cerneau de noix, rendront, par exemple, votre crème Budwig matinale bien plus appétissante.

La variété des menus joue également un rôle essentiel. Evitez autant que possible de faire systématiquement la même recette de la même manière: changez les céréales ou les légumes, introduisez d'autres condiments en jouant sur les herbes aromatiques, l'ail ou l'oignon. La monotonie vous guette d'autant plus que vous vous soumettez à la contrainte de modifier vos habitudes alimentaires. Il vous faudra donc faire preuve d'imagination, non seulement en variant les arômes, mais en essayant de ne pas faire deux fois de suite la même recette pour un même légume ou une même céréale. Ne soyez pas de ces ménagères qui présentent invariablement le chou-fleur avec une sauce blanche et les carottes Vichy!

Essayez également d'introduire chaque semaine une nouvelle recette dans vos menus. Votre malade vous en sera reconnaissant, car vous piquerez sa curiosité et son appétit (hélas si souvent capricieux chez les personnes malportantes) s'en trouvera excité.

C'est dans cet esprit que je vous ai présenté, au chapitre VIII, des adaptations des recettes de la première partie «Manger pour bien se porter». Mais rien ne vous empêche d'adapter à votre régime les recettes que vous trouverez dans d'autres livres. En voici encore quelques exemples:

C'est dans cet esprit que je vous ai présenté, dans la troisième partie, des adaptations de recette. Mais rien ne vous empêche d'adapter à votre régime les recettes que vous trouverez dans d'autres livres.
En voici encore quelques exemples:

Cocktail de volaille

Recette proposée

4 blancs de poulet
4 dl bouillon de poule en cube

1 petit céleri-rave
1 petite boîte d'ananas

quelques noix

Votre recette:

4 blancs de poulet (ou reste de poulet)
3½ dl d'eau avec ½ dl de vin blanc, 1 oignon, 1 bouquet garni et une pincée d'algues marines
1 petit céleri-rave
1 à 2 tranches d'ananas frais ou de pomélo
quelques noix

Pour la sauce: *Recette proposée*

1 gobelet de crème aigre

2 cuillères de jus de citron
1 dl de sauce de salade
condiment doux

poivre de Cayenne
1 œuf cuit dur

Pour la décoration: quelques feuilles de laitues

Pour la sauce: *Votre recette:*

½ gobelet de yoghourt nature ou maison (ou plus)
2 cuillères de jus de citron
1 dl de sauce de salade (votre sauce habituelle)
au choix: ciboulette, cresson, basilic, persil

Pour la décoration: *feuilles de salade*

Cuisez les blancs de poulet dans un bouillon préparé avec de l'eau, le vin, l'oignon, et bouquet garni et les algues. Laissez-les refroidir dans le liquide (vous pourrez ultérieurement vous servir de ce bouillon pour préparer un potage).

Mélangez les ingrédients de la sauce. Râpez le céleri et ajoutez-le à la sauce au fur et à mesure, pour éviter qu'il ne brunisse. Découpez l'ananas (ou le pomélo) en petits dés, et réservez-en quelques morceaux pour la décoration finale. Hachez grossièrement les noix, débitez les blancs de poulet en petits morceaux et mélangez le tout dans la sauce. Dressez la garniture dans des coupes tapissées de feuilles de laitue et décorez les coupes avec quelques dés d'ananas, ½ noix et des fines herbes finement ciselées.

Endives en salade

Recette originale

4 belles endives
2 pommes
1 poignée de raisins secs
2 douzaines de noix
1 dl de crème fraîche

½ cuillerée à café de moutarde
1 jus de citron

sel, poivre

La vôtre modifiée

4 belles endives
2 pommes
1 poignée de raisins secs
2 douzaines de noix, un peu moins
1 dl de yoghourt nature, fait maison, si possible
un peu de graines de moutarde moulues
1 jus de citron
persil, ciboulette, 1 jaune d'œuf cru

Lavez et préparez vos endives, comme vous en avez l'habitude. Epluchez les pommes, coupez-les en lamelles et disposez-les dans un saladier. Ajoutez les noix grossièrement hachées et les raisins que vous aurez préalablement trempés dans un peu d'eau tiède, puis soigneusement épongés.

Ajoutez enfin les endives et les fines herbes finement ciselées. Préparez la sauce en battant ensemble le yoghourt, le jus de citron, les graines de moutarde et le jaune d'œuf. Versez sur la salade et mélangez bien.

Salade de riz aux fruits

Recette originale

200-300 g de riz longs grains
morceaux d'ananas
rondelles de bananes
figues finement coupées
morceaux de melon
noix
mayonnaise au citron

La vôtre modifiée

150 g de riz complet
1-2 tranches d'ananas frais
coupées en morceaux
rondelles de bananes
figues finement coupées
½ melon par personne
noix (ou noisettes, cajou,
pignons, etc.)

Sauce yoghourt au citron

1 yoghourt nature battu avec un jaune d'œuf cru, des herbes et du jus de citron

Faites cuire le riz comme vous en avez l'habitude, mais sans sauce soya ni oignon. Vous pouvez le cuire avec un mélange de lait et d'eau. Puis versez dans une passoire, rincez-le et laissez-le égoutter. Enfin mettez-le sécher 5 minutes dans le four chauffé à 150°.Incorporez ensuite les fruits, les noix et enfin la sauce au yoghourt, en mélangeant délicatement. Servez votre salade dans le ½ melon que vous aurez débarassé de ses graines et d'une partie de la chair que vous pourrez ou non inclure à votre salade.

Variantes: Pourquoi ne pas servir cette salade dans des ½ pamplemousse? ou sur des feuilles de salade verte? ou dans des ½ courgettes blanchies à l'eau et creusées en barquettes, mais dans ce cas, sans melon.
Vous pouvez également essayer cette recette aussi avec de l'orge ou du sarrasin.

Soufflé au riz

Recette originale

150 g de riz à grains longs
¾ l de lait
1½ cuillère à thé de sel

3 cuillères à soupe de sucre
5 jaunes d'œufs

¾ l de crème
75 g de raisins secs
le zeste de 3 citrons
150 g d'amandes moulues
5 blancs d'œufs
beurre pour le plat

La vôtre modifiée

180 g de riz complet

¾ l de lait écrémé et coupé d'eau

1 bonne pointe de couteau de sel marin (vous pouvez essayer sans sel)

1-2 jaunes d'œufs (selon vos possibilités) + un peu de jus de pommes ou de poires

60 g de raisins secs

60 g d'amandes moulues

un peu de lait ou de jus de pommes

Faites cuire le riz avec du lait, puis ajoutez le sel. D'autre part, battez les jaunes d'œufs avec un peu de jus de pomme. Ajoutez les raisins secs et mettez ce mélange dans le riz, avec les amandes. Versez la moitié de ce mélange dans un plat à gratin où vous aurez versé au préalable soit du lait, soit du jus de pomme.

Pour la farce

Recette originale	1 kg de pommes 270 g de sucre 3 cuillères à thé de cannelle 1 cuillère à soupe de jus de citron
La vôtre modifiée	600g de pommes 2 cuillères à soupe de sucre de fruit cannelle à volonté (ou gingembre) le jus de 2 citrons

Râpez ou coupez les pommes en tranchettes très fines. Mélangez-les avec le jus de citron, le sucre et la cannelle. Versez cette farce sur le riz et recouvrez avec l'autre moitié de la masse. Faites gratiner à four chaud (180-200°), le temps que vos pommes soient fondantes!

Variantes: Essayez également avec du millet ou du sarrasin et préparez la farce avec d'autres fruits.

QUELQUES CONSEILS...

1. **De la méthode avant toute chose...**
Jusqu'à ce que vous soyiez totalement habitué à cette nouvelle façon de cuisiner, prenez la peine d'établir vos menus à l'avance, en comptabilisant les quantités de céréales, de produits laitiers, d'oléagineux, d'huile, d'œufs et de viandes que vous utiliserez par semaine. Cette méthode vous permettra de vérifier facilement si vous respectez ou non les normes indiquées. Elle vous permettra également de rationaliser vos achats et vos menus (voir première partie p. 18 et suivantes). Je vous conseille vivement d'appliquer cette méthode jusqu'à ce que vous ayiez acquis suffisamment d'expérience pour équilibrer automatiquement vos menus.

2. **Les yoghourts**
J'ai déjà insisté sur le fait que les yoghourts maison étaient de loin préférables à ceux qui sont vendus dans le commerce. Préparez-les avec du lait écrémé cru (lait de ferme) chaque fois que vous en avez la possibilité.

3. **Fromage blanc et fromage à la louche «maison» ou seré maigre**
Je vous conseille également de préparer vous-même votre fromage blanc maigre (fromage à la louche). Si vous possédez une fromagère, procédez de la façon suivante: mélangez au fouet (ou au mixer) 2 c. à soupe de yoghourt nature avec 2 gouttes de présure liquide et 3-4 c. à soupe de lait. Versez le mélange dans la fromagère... cinq heures plus tard, vous pourrez égoutter votre fromage blanc: il sera délicieux, onctueux et sans aucun additif!
Remarque: si vous employez du lait en berlingot ou du lait bouilli, le temps de fermentation est différent et je vous conseille de consulter le mode d'emploi de votre appareil.

Vous ne possédez pas de fromagère? Ce n'est pas une raison pour renoncer à la fabrication de votre fromage à la louche maison! Il s'agit en effet d'une préparation des plus simples: mélangez une c. à soupe de yoghourt nature et une goutte de présure liquide avec ½ litre de lait cru (lait de ferme) – les proportions peuvent être doublées ou triplées, si vous souhaitez en préparer une plus grande quantité –. Laissez ensuite ce mélange «prendre» à température ambiante pendant env. 12 heures, puis égouttez-le dans une passoire, au travers d'une étamine.
Attention: le temps indiqué n'est valable que pour du lait cru écrémé! Vous trouverez dans les quincailleries des bacs spéciaux pour écrémer le lait.

4. **Fines herbes**

Même si vous n'avez pas de jardin, il est facile d'avoir toujours des fines herbes sous la main en les faisant pousser dans des pots de fleurs, des caisses ou des petites serres d'appartement.

L'estragon, le thym, la ciboulette et le basilic s'achètent de préférence en plants. En revanche, vous pouvez semer directement des graines de persil, de cerfeuil, de sarriette et de cresson. L'estragon, le thym, la sauge et le romarain sont des plantes vivaces et vous aurez le plaisir de les voir renaître à chaque printemps!
Et pourquoi ne sèmeriez-vous pas des capucines sur votre balcon ou dans votre jardin? Elles sont si jolies, et les fleurs sont délicieuses à croquer dans une salade. Elles vous réjouiront l'œil autant que le palais!
Pour ceux qui aiment le goût de l'arôme Maggi, employez l'herbe à maggi que vous pouvez aussi cultiver et sécher pour l'hiver (comme l'estragon, le thym, le basilic, etc.). Attention! Elle a un goût très prononcé.

5. **Aubergines déshydratées**

Si vous aimez les aubergines, faites pour l'hiver une provision d'aubergines déshydratées: choisissez des aubergines saines et non tachées. Faites-les dégorger avec du sel pendant 3 ou 4 heures, puis coupez-les en rondelles. Faites ensuite sécher ces rondelles sur un fil, à l'air, mais pas au soleil (évitez les fils de fer, à cause de la rouille). Lorsqu'elles sont déshydratées, conservez vos aubergines dans des sachets bien fermés. Vous pourrez ensuite les préparer comme des champignons déshydratés.

6. **Variante pour le dessert Isabelle**

Le dessert Isabelle (p. 179) est également délicieux avec des pamplemousses, surtout avec les pamplemousses roses et rouges. Comptez un pamplemousse pour une banane. Vous pouvez également préparer ce dessert avec des mandarines (3 pour une banane), des poires, des abricots, des pêches et des kiwis.

7. **Régime Jacqmine**

Ce régime, qui est décrit à la p. 50 est basé sur le principe des repas crus exposé à la page 81. Il pourra vous donner de nouvelles idées pour varier vos menus.

8. **Chapelure «maison»**

Rien n'est plus simple que de préparer vous-même votre chapelure, en appliquant la recette suivante: passez du blé moulu au travers d'une passoire. Réservez la farine pour préparer un pain et utilisez le son comme chapelure pour paner vos aliments. Le même procédé vous permet d'obtenir de la farine de riz (que vous pourrez utiliser pour vos liaisons de sauces), ainsi que des flocons et de la farine d'avoine.

9. **Ne négligez pas les parents pauvres...**

Pour varier vos plats de légumes, pensez à préparer de temps à autre des légumes souvent délaissés comme les courges, les cardons, les scorsonères, les pâtissons, les broccolis et les feuilles de bettes qui s'apprêtent comme les épinards. Tirez également parti de toutes les ressources que vous offrent les betteraves rouges ou carottes ou racines rouges et présentez-les également crues, en salade ou en jus. Pensez aussi à faire cuire 1 ou 2 oignons entiers avec vos légumes.

10. **Céréales**

- Vous rendrez vos céréales plus nourrissantes si vous ajoutez à leur eau de cuisson 1 à 2 cuillères à soupe de fromage blanc maigre.
- N'utilisez jamais qu'une seule céréale crue à la fois. PAS DE MÉLANGE! Et si, dans certains magasins de diététique, on vous propose des paquets de céréales mélangées, refusez-les! Le mélange de céréales crues provoque des difficultés de digestion et d'assimilation.
- Ne consommez jamais de blé ou de seigle crus, car ils peuvent provoquer des gaz et des troubles intestinaux.
  En revanche, faites régulièrement des cures de germes de blé (voir p. 33), notamment lorsque vous faites des semaines de régime cru.
- Ne jetez pas l'eau de trempage de vos céréales, ni l'eau de cuisson de vos légumes. Elles sont chargées de sels minéraux précieux pour votre organisme, tels que le magnésium, le zinc etc. A cet égard, les casseroles qui cuisent à basse température et sans eau sont parfaites pour préserver les vitamines et les oligo-éléments.J'insiste une fois de plus sur l'importance des modes de cuisson et sur le fait que la cuisson des corps gras est à proscrire [1].

11. **Attention à la fraîcheur!**

Les jus de fruits et de légumes frais doivent être consommés dans les dix minutes qui suivent leur préparation. Certaines vitamines s'oxydent en effet très rapidement et le jus perd de sa valeur. Il est donc conseillé de les préparer juste au moment de les consommer. Il en est de même pour les légumes râpés servis crus et en salade.

[1] Nous recommandons les casseroles AMC Classic.

12. **Algues marines**

Les algues marines déshydratées sont très riches en oligo-éléments, spécialement en iode, en calcium et en magnésium. Elles constituent également un excellent condiment qui peut, dans une certaine mesure, remplacer le sel. Avant de les consommer, cuisez-les dans de l'eau bouillante pendant 2 ou 3 minutes, ou cuisez-les directement avec les aliments. Choisissez les variétés les plus fines: elles sont plus appétissantes.

13. **Moutarde**

Achetez exclusivement de la moutarde garantie sans adjonction de colorants ou de conservateurs. Si vous n'en trouvez pas dans le commerce, vous pouvez parfaitement la faire vous-même, ce n'est ni long, ni difficile. Vous pouvez également utiliser directement des graines de moutarde moulues très finement. D'autre part, les graines de moutarde germées constituent une exellente herbe aromatique pour les salades.

14. **Fromages**

Comme je vous l'ai précisé précédemment, les fromages gras sont à proscrire de votre alimentation. Voici donc une liste non exhaustive de quelques fromages maigres que vous pouvez trouver sur le marché:

Fromages frais:

Gerfrais 0 % m.g.
Très frais 0 ou 25 % m.g. (2 variétés)
Fjord 10 % m.g.
Mont-Blanc 9,5 % m.g.
Yopfrais 20 % m.g.
Ma Brise Fraîche
Ricotta 25 % m.g. (Italie)
Cottage cheese 20 % m.g.

Fromages vendus entiers

Amimo 5 % m.g. (Suisse)
Camembert Baer 25 % m.g.
Sylphide Cristal 25 % m.g. (pâte molle)
Sylphide terroir 25 % m.g. (pâte molle)
Sylphide fondu 25 % m.g.
Mini Sylphide 25 % m.g.
Gaperon 25 % m.g. (pâte molle, France)

Fromages à la coupe

Fromage fondu nature 25 % m.g.
Tomme maigre 20 % m.g. (ne se conserve que 24 à 48 h)
Tomme maigre sans sel 20 % m.g. (ne se conserve que 24 à 48 h)
Tomme de Savoie ¼ gras 20 % m.g.
Tilsit ¼ gras
Appenzel ¼ gras 15 % m.g.

Comme fromage à râper, je vous conseille, si le médecin vous y autorise, du tilsit ¼ gras, l'Appenzel ¼ gras (15 % de matières grasses).
+ tous les fromages blancs maigres et les fromages à la louche, nature ou aux fruits. Si vous achetez des fromages aux fruits, ne choisissez que ceux qui portent la mention «aux fruits frais». Les arômes sont en effet trop souvent synthétiques. Attention aussi aux additifs alimentaires (voir page 203).

Si vous désirez parfaire vos connaissances dans ce domaine et découvrir encore d'autres fromages pouvant vous convenir, consultez le «Larousse des fromages» (Larousse) ou le «Livre du fromage» de Androuet (Stock). Vous y trouverez de quoi satisfaire votre curiosité... et vos envies!
Comment trouver dans le commerce certains de ces fromages? En vous adressant aux organismes officiels qui s'occupent de la promotion des fromages et des produits laitiers.

Pour la Suisse:
Les centrales laitières cantonales.

Pour la France:
Le CNIEL, 8, rue Danièle-Casanova
F - 75002 Paris

SOPEXA, 43-45, rue de Naples
F - 75008 Paris

Pour la Belgique:
SOPEXA, 29, rue Major-René-Dubreucq
B - 1040 Bruxelles

Pour le Canada:
Office Français de l'alimentation,
Place Bonaventure, case postale 177
Montréal H5A - 1A7

Enfin, je trouve très utile que vous sachiez que le pourcentage des matières grasses d'un fromage est calculé par rapport à la quantité de *matières sèches* qu'il contient. Ou, autrement dit, qu'on ne tient pas compte de la quantité d'eau contenue dans les fromages pour faire ce calcul. Ainsi, *à poids égal,* un fromage blanc frais, à pâte très humide, affiché avec 40 % de matière grasse, en contiendra effectivement un peu moins qu'un fromage à pâte dure affiché à 25 % de matières grasses.

15. **Cuisson sous la cendre**

Si vous avez une cheminée à feu ouvert, pensez à l'utiliser pour y faire cuire sous la braise des pommes de terre, du poisson, des bananes ou des pommes. Prenez soin d'envelopper les aliments dans du papier d'aluminium. Dans les pommes de terre ou le poisson, vous pouvez glisser des grains d'aneth ou de cumin. Mettez également dans les pommes de terre une tranche de tilsit ¼ gras ou une tranche de jambon maigre auquel vous aurez retiré TOUT le gras.
Vous pouvez même cuire un pain dans votre cheminée, en prenant soin de recouvrir le moule de papier d'aluminium et de poser quelques braises pardessus.

16. **Châtaignes**

Les châtaignes peuvent se cuire sous la braise, dans une poêle ou sur la plaque d'un four. Pour qu'elles ne durcissent pas, recouvrez-les d'un linge mouillé dix minutes avant de servir. Comptez 20 à 25 minutes de cuisson au total. La châtaigne est une graine farineuse, riche en hydrates de carbone. Dégustées nature avec du jus de pomme, elles constituent un délicieux apéritif. Vous pouvez également les servir avec de la purée de pommes, du yoghourt ou du fromage blanc.

17. **Pomélo**

Le pomélo est un fruit de la famille des agrumes. Il a une écorce très épaisse et dure et il est nécessaire de peler les quartiers avant de les consommer. Très bon au naturel, le pomélo est également très indiqué pour accompagner un cocktail de crevettes.

18. **Œufs**

Les jaunes d'œufs, que la doctoresse Kousmine recommande de consommer crus et mélangés aux aliments, sont très riches en oligo-éléments (calcium, chlore, cuivre, fer, magnésium, phosphore, potassium et souffre), ainsi qu'en vitamines A et B.

19. **Graines**

Pour être assimilées par l'organisme, les graines de petit format (pavot et sésame) doivent être moulues.

20. Soya

Pour varier vos menus, pensez au soya rouge (azuki) qui vous changera du soya blanc. De même, n'oubliez pas les lentilles rouges, les flageolets.

21. Cures spéciales

Du début novembre à fin mars, prenez du magnésium. Faites également des cures régulières de germe de blé (voir pp. 33 et 103).

22. Proportions

Les recettes n'ont pas été calculées pour un nombre défini de personnes, sauf celles qui correspondent aux semaines de régime cru qui ont été pensées pour une personne. Pour le reste, adaptez les quantités en fonction du nombre de vos convives et de leur appétit.

23. Ustensiles

Pour préparer vos fromages blancs maison et vos fromages à la louche, vous trouverez, chez les quincailliers, tous les bacs et les récipients nécessaires. D'autre part, il existe sur le marché de petits moulins manuels dits «de voyage» qui sont très pratiques et ne prennent pas de place dans les bagages. Ils vous permettront de moudre facilement votre ration journalière de céréales. Quant aux moulins électriques spécialement conçus pour moudre les céréales, ils sont maintenant entrés dans les habitudes quotidiennes et les spécialistes en offrent un vaste choix.
La préparation des pâtes maison est aujourd'hui très agréable grâce aux nouveaux appareils (électriques ou non) vendus sur le marché. Rien ne vous empêche d'introduire du blé moulu ou de la farine de millet dans la pâte! En ce qui concerne la conservation, vos pâtes garderont toutes leurs qualités si vous les conservez au congélateur.

Il ne faut pas perdre de vue que la façon aberrante de se nourrir, en notre temps, est responsable de multiples manifestations morbides.

Dr Frank Mirce

CHAPITRE XII

Manger à l'extérieur

ET LORSQU'IL FAUT MANGER HORS DE CHEZ SOI?

Dans le bon vieux temps, le repas de midi se prenait en famille... mais la vie moderne à bouleversé ces habitudes. Ecoliers, mères de famille et tous les travailleurs habitent souvent trop loin de leur lieu de travail et sont obligés de déjeûner sur place s'ils veulent éviter la fatigue de longs trajets. Pour ceux qui veulent cependant se nourrir le midi selon les principes exposés dans ce livre, il est difficile, sinon impossible, de manger tous les jours au restaurant.

Que faire alors?

Ne pas désespérer... ni «jeter le manche avant la cognée» en renonçant à bien vous nourrir le midi. Il y a toujours une solution à tous les problèmes, mais celle-ci n'est pas toujours évidente. Il faut quelquefois de longues réflexions pour la trouver, et aussi -pourquoi pas- savoir renoncer à certaines idées préconçues.
La solution la plus simple serait évidemment de ne pas manger le midi, dirait La Palisse! Je connais en effet quelques personnes qui ont adopté cette méthode, mais elle est fortement déconseillée aux enfants et aux adolescents.

Voici donc quelques suggestions qui vous assureront une alimentation plus équilibrée:

Petit déjeuner:

Faites un petit déjeuner copieux en prenant, en plus de la crème Budwig, un fruit, du fromage blanc avec du pain complet et des fruits secs.

Déjeuner:

Le midi, prenez ce que l'on appelait autrefois un «en-cas» que vous emporterez avec vous: fruits, yoghourt, fruit secs, sandwich au pain complet, fromage blanc et légumes crus, ou fromage blanc, sésame rôti, fines herbes et tranche de rôti (ou viande séchée). En cherchant bien, vous pourrez certainement trouver un lieu accueillant où vous pourrez déguster votre en-cas et trouver une boisson chaude.

Dîner:

Le soir, prenez le temps de vous préparer un repas complet selon les recettes de ce livre.

Pour éviter la monotonie du déjeuner, vous pourrez recourir une ou plusieur fois par semaine à un pique-nique que vous composerez comme suit: Fruit ou légume cru, salade mixte composée de légumes cuits (qui peuvent être un reste de la veille), de céréales cuites (elles sont toutes excellentes en salade, y compris le maïs en grain), de légumes crus, de pâtes maison et d'un reste de viande. Avec un peu d'imagination, vous arriverez à varier suffisamment vos salades pour qu'elles conservent tout leur intérêt. De toutes façons, manger le midi une salade qui présente l'avantage de pouvoir être variée à l'infini, n'est pas plus désagréable que de trouver tous les matins sur sa table le même petit-déjeuner «pain-beurre-confiture», que vous avez certainement pris pendant des années!

Cette salade assaisonnée d'une sauce maison, faite avec de l'huile de tournesol pressée à froid, sans oublier les herbes aromatiques, constitue un met sain et nourrissant. Vous pourrez compléter votre pique-nique d'un yoghourt aux fruits frais, d'oléagineux et d'une tranche de pain complet. Pensez aussi à une sauce yoghourt additionnée d'un légume râpé, de rouleaux de feuilles de laitues, d'une salade de choucroute crue, de «beefsteack» de céréales froids, de frappés aux fruits, etc.

Enfin, vous pouvez faire le tour des restaurants proches de votre lieu de travail pour dénicher le restaurant dont la carte propose un buffet de salades variées ou des assiettes de crudités sans sauce (vous apporterez alors *votre* sauce), des yoghourts et des fruits frais ou en compote.

Vous pouvez aussi avoir un entretien avec les patrons de ces restaurants, leur exposer votre cas et leur demander s'ils seraient d'accord de vous faire une assiette régime.

Par exemple: légumes crus sans sauce
pommes de terre vapeur et poisson au bleu, sans beurre ni huile
jardinière de légumes + riz complet
salade sans sauce (vous prendrez la vôtre)
steak au gril (sans corps gras)
assiette de fromages et de légumes crus variés
fruits (ananas, melon, pamplemousse) arrosé d'un coulis de fruit sans sucre, etc.

Et si vous trouvez dans votre entourage d'autres personnes qui demandent des assiettes-régime, il n'est pas impossible qu'un restaurateur avisé ne crée pas, petit à petit une carte-régime.

Il faut oser demander... le reste suivra. Il est toujours bénéfique d'engager un dialogue, ne serait-ce, dans le cas qui nous occupe, que pour donner à un restaurateur les idées qu'il n'a pas eues et avec lesquelles il peut créer quelque chose de nouveau. Entre gens de bonne compagnie, un dialogue est toujours possible.

Voilà, ami lecteur! quelques idées en vrac. Avec de l'audace et de la persévérance, je suis certaine que vous trouverez la solution qui correspond à votre situation, quitte à utiliser alternativement plusieurs des formules que je vous suggère.

Et si vous dénichez un restaurant qui vous fait des assiettes-régime, signalez-le moi, afin que je puisse à mon tour, en communiquer l'adresse à d'autres personnes intéressées.

Les gens ne se préoccuperont pas d'obtenir une bonne nutrition tant qu'ils ne seront pas convaincus que sa valeur les concerne au premier chef.

Adèle Davis

Troisième partie

RECETTES DE CUISINE

élaborées selon les principes enseignés
par le Dr C. KOUSMINE

CHAPITRE XIII

Deux recettes données par le Dr C. Kousmine

Crème Budwig ● [1]

Par personne:
2 c. à café d'huile de lin (Bioline)
4 c. à café de fromage blanc maigre
le jus de ½ citron
1 banane écrasée, bien mûre, ou miel
fruits de saison frais
2 c. à café de céréales complètes crues fraîchement moulues (au choix, sans jamais les mélanger: *riz complet, sarrasin, orge mondée, avoine, millet, etc.)*
1 ou 2 c. à café de graines oléagineuses fraîchement moulues (au choix: lin, tournesol, sésame, amandes, noix, noisettes, etc.)

Battre en crème le fromage et l'huile jusqu'à ce que celle-ci soit totalement intégrée. Cette opération peut se faire soit avec une fourchette, soit avec un mixer si la préparation est destinée à plusieurs personnes. Ajouter les autres ingrédients.
Le riz complet et le sarrasin sont conseillés aux personnes qui ont l'intestin trop libre, l'avoine à celles qui ont tendance à la constipation.
Il est également possible d'absorber tous les éléments de la crème Budwig de la manière suivante: consommer au petit déjeuner la céréale crue, le miel et les fruits; mettre les graines oléagineuses dans une salade; manger à midi, sous forme de tartines ou avec de la salade, le fromage blanc maigre et l'huile de lin battus en crème, additionnés d'un stimulant naturel en poudre, riche en acides aminés (Sun-Bol).

[1] Les recettes suivies du signe ● peuvent être apprêtées telles quelles par les personnes qui suivent le régime strict.

Galettes ●

1 part de blé
2 parts d'une autre céréale complète
(seigle, orge, avoine, riz complet, maïs, millet, sarrasin)
eau bouillante
1 part de soya ou de lentilles (noires, brunes ou rouges) ou de pois chiches, etc.
A volonté: herbes aromatiques fraîches (persil, estragon, marjolaine, basilic, ciboulette, etc.), cumin
sel marin ou raisins de Corinthe

Moudre les graines et hacher les herbes. Verser dessus la quantité adéquate d'eau bouillante pour obtenir une bouillie épaisse. Laisser reposer quelques heures. Dans une poêle chauffée, écraser une boulette de pâte pour former une galette de 3 à 4 mm d'épaisseur que vous retournez après 2 minutes de cuisson. Prêt en 5 minutes.
Si la préparation est liquide, on peut la cuire dans un moule à gaufres.

POTAGES

Potage aux céréales ●

100 g d'orge moulue
50 g d'avoine moulue
50 g de riz complet moulu
3 cubes de bouillon
1 brin de romarin
1 brin de marjolaine
1 jaune d'œuf battu dans 1 c. à soupe de lait
2 gousses d'ail hachées
2 litres d'eau
quelques feuilles d'estragon frais haché

Cuire les cubes, l'ail, le romarin et la marjolaine dans 1 dl d'eau, pendant 3 minutes (70 à 75°). Au moment de servir, ajouter le reste de l'eau, bouillante, l'estragon, le jaune d'œuf et les céréales moulues (sans nouvelle cuisson).

Potage aux herbes ●

2 c. à soupe de riz moulu
2 cubes de bouillon
2 gousses d'ail hachées
1 oignon haché
1 petite pomme de terre râpée
1 litre d'eau
2 grosses poignées d'herbes aromatiques fraîches hachées (y compris du persil)
facultatif: 1 jaune d'œuf battu dans 1 c. à soupe de lait

Cuire les cubes, l'ail, l'oignon et la pomme de terre dans 2 dl d'eau, pendant 3 minutes (70 à 75°). Passer le tout au presse-purée (ou au mixer) et tenir au chaud, sans nouvelle cuisson. 5 minutes avant de servir, ajouter le reste de l'eau, bouillante, et le riz. Verser dans une soupière au fond de laquelle vous aurez préalablement mis les herbes aromatiques. Pour affiner ce potage, on peut mettre un jaune d'œuf dans la soupière, en même temps que les herbes.

Potage aux légumes ●

150 g d'avoine moulue
1 litre d'eau
2 cubes de bouillon
1 grosse carotte coupée en tronçons
1 oignon haché
1 poireau vert coupé en tronçons
1 poignée de feuilles de bettes
1 gousse d'ail écrasée
persil haché

Cuire les cubes, la carotte, l'oignon, le poireau et les feuilles des bettes dans 2 dl d'eau, pendant 3 minutes (70 à 75°). Passer le tout au presse-purée (ou au mixer) et tenir au chaud, sans nouvelle cuisson. Au moment de servir, ajouter le reste de l'eau, bouillante, le persil, l'ail et l'avoine.
Ce potage peut se préparer avec n'importe quel légume.

Potage vert ●

150 g de riz moulu
2 cubes de bouillon
2 gousses d'ail hachées
1 gros oignon haché
1 pincée de marjolaine
1 pincée de thym
1 litre d'eau
1 grosse poignée d'orties, de laitues, d'épinards ou d'oseille hachés

Cuire les cubes, l'ail, l'oignon, la marjolaine et le thym dans 2 dl d'eau, pendant 3 minutes (70 à 75°). Au moment de servir, ajouter le reste de l'eau, bouillante (sans nouvelle cuisson), les légumes et le riz. Les légumes peuvent être remplacés par des herbes aromatiques fraîches hachées.

METS AUX CÉRÉALES

«Beefsteacks» de céréales ●

LA VEILLE, faites tremper du blé entier dans de l'eau bouillante et cuisez-le pendant quelques minutes. Pratiquez de même avec l'avoine. Quant aux autres céréales, elles peuvent être simplement mises à tremper dans de l'eau bouillante. Comptez 60 à 70 g., de céréales par personne.
LE LENDEMAIN, égouttez les céréales et passez-les à la moulinette ou au mixer pour en faire une bouillie, à laquelle vous ajouterez, selon votre goût, de l'ail et des oignons finement hachés, une pincée d'algues marines déshydratées, des fines herbes fraîches ou en poudre, un peu de sauce soya ou de Cénovis, et éventuellement du fromage blanc maigre. Salez légèrement.
Former des «beefsteacks» que vous ferez rôtir dans une poêle qui permet la cuisson sans matière grasses. Si vous utilisez une poêle en fonte, huilez très légèrement avec un peu d'huile de chardon (utilisez un pinceau). Lorsque vos beefsteaks sont bien rôtis de chaque côté, couvrez la poêle et laissez cuire les «beefsteacks» pendant une dizaine de minutes.
Les «beefsteacks» de céréales constituent un plat très nourrissant que vous servirez accompagné d'une bonne salade ou d'un coulis de tomates. Cette recette peut être réalisée avec toutes les céréales, sauf peut-être avec le seigle. Pour des enfants, vous pouvez confectionner des «beefsteacks» sucrés au sucre de fruit, en y ajoutant des raisins secs, des oléagineux et du fromage blanc maigre.

Bettes aux céréales

1 kg de bettes: côtes coupées en tronçons de 1,5 cm et feuilles
150 g d'une céréale moulue et trempée
2 à 3 c. à soupe de lait
sel marin
1 oignon haché
aromates en poudre
30 g de fromage râpé
facultatif: un petit reste de viande haché

Les côtes et les feuilles des bettes doivent être cuites à la vapeur, mais séparément. Cuire la céréale pendant 1 minute dans le lait, auquel il faut ajouter suffisamment d'eau pour obtenir une bouillie un peu liquide. Hacher les feuilles et les incorporer à cette bouillie avec l'oignon, le sel et les aromates. Dans un plat à gratin, disposer par couches: la moitié des côtes, la moitié du fromage, éventuellement la viande, l'autre moitié des côtes, en terminant par le mélange céréale-feuilles. Saupoudrer avec le reste du fromage et garder au chaud dans le four (100°).

Les laitues, épinards, carottes ou courgettes peuvent s'apprêter de la même manière.

● Prendre du fromage maigre, sans viande.

Céréale en légume ●

200 g d'une céréale (riz, orge, millet ou sarrasin)
1 à 2 cubes de bouillon
1 à 2 gousses d'ail hachées
1 gros oignon haché
sel marin
30 g de fromage râpé
facultatif: champignons frais ou secs

Tremper la céréale la veille (voir p. 15, chiffre 13). Le lendemain, la cuire dans son eau pendant 20 minutes (70 à 75°) avec les cubes, l'ail, l'oignon et le sel. Si nécessaire, enlever le surplus d'eau. Servir avec le fromage râpé.

100 à 200 g de champignons peuvent être ajoutés à la cuisson de la céréale.

Potage à la farine de céréales rôties

100 g de farine de céréale (avoine ou autre)
aromates en poudre
sel marin
1 litre d'eau
un peu de lait
30 g de fromage râpé
persil haché
livèche hachée (herbe à maggi)

Rôtir la céréale avant de la moudre. La délayer dans l'eau et ajouter l'assaisonnement. Cuire pendant 1 à 2 minutes (70 à 75°). Verser dans la soupière au fond de laquelle vous aurez préalablement mis le lait, le fromage, le persil et la livèche.

Potage à l'espagnole ●

Quelques tomates coupées en 8
3 cubes de bouillon
sel marin
1,25 litres d'eau
un peu de crème maigre
garniture d'accompagnement,
par personne:
1 c. à soupe rase d'oignons coupés en dés, de concombres coupés en dés, de persil haché et de petits cubes de mie de pain

Cuire les tomates quelques instants dans l'eau avec les cubes et le sel. Passer au presse purée et laisser refroidir. Au moment de servir, incorporer la crème.
Présenter chaque ingrédient de la garniture dans de petits raviers. Les convives ajouteront à leur gré légumes, persil et pain dans leur assiette. Ce potage est excellent et rafraîchissant pour l'été.

Comment utiliser un reste de céréales?... ●

Un reste de riz complet, de blé vert, d'orge, d'avoine, de millet ou de sarrasin peut être servi de différentes façons:

A. En salade: additionné de légumes crus, d'un reste de viande et de fines herbes.

B. En tarte: mélangez les céréales avec 1 ou 2 cuillères à soupe de fromage blanc maigre. Ajoutez une gousse d'ail pilé, du persil haché, un peu de thym, 30 g. de fromage râpé 1/4 gras et (ou) un jaune d'œuf. Répartissez le mélange, sur 1 cm d'épaisseur, sur une plaque à tarte légèrement huilée (huile de chardon). Pour décorer le plat, vous pouvez poser sur la tarte quelques rondelles de tomates. Laissez cuire à four chaud pendant ½ heure à ¾ d'heures pour que la tarte soit bien dorée.

C. En croquettes: avec la même préparation que pour la tarte, vous pouvez réaliser des croquettes que vous rôtirez au four comme des beefsteacks de céréales.

Essayer de varier chaque fois l'assaisonnement, par exemple avec des feuilles de céleris séchées, un peu de Cénovis, de la sauce soya, des oignons hachés, un reste de viande, des raisins secs, etc.

Comment utiliser un reste de semoule de millet ou de purée de céréales?

A. En gratin: Ajoutez à la semoule ou à la purée les ingrédients indiqués au point b ci-dessous. Vous pouvez y ajouter un reste de champignons ou le mouiller avec un coulis de tomates fraîches. Versez un peu de lait dans le fond d'un plat à gratin et remplissez-le avec votre préparation sur laquelle vous parsèmerez un peu de fromage râpé ¼ gras avant de faire gratiner.

B. En gnocchis: Mélangez la semoule ou la purée avec du fromage blanc maigre, un jaune d'œuf et une gousse d'ail pilé. Répartissez le mélange sur une plaque à tarte et laissez-le ensuite reposer au réfrigérateur pendant quelques heures. Coupez ensuite vos gnocchis et faites-les-rôtir comme des beefsteacks de céréales en les panant ou non avec du son de blé (voir aussi la recette des gnocchis aux pommes de terre 162). Vous pouvez également faire gratiner les gnocchis au four avec un peu de fromage ¼ gras. Servez avec un coulis de tomates ou des champignons en légumes.

C. En pudding: Additionné de fruits secs, d'oléagineux, de miel, d'un coulis de fruits, etc.

Courgettes en tranches

1 grosse courgette
1 œuf battu dans 3 c. à soupe de lait
1 c. à soupe de jus de citron
sel marin
50 à 60 g d'une céréale rôtie et moulue assez grossièrement
estragon
aromates en poudre

Cuire la courgette aux trois quarts et la débiter en rondelles de 1,5 cm. Arroser de jus de citron et tremper les tranches de légume dans l'œuf battu, assaisonné. Les enrober de céréale moulue et rôtir à la poêle (sans ou avec très peu d'huile). Ce plat s'accompagne particulièrement bien d'un mets aux tomates.
Les aubergines, céleri, filets de poisson peuvent s'apprêter de la même manière.

Crêpes farcies

Pour 18 petites crêpes:
300 g de sarrasin moulu fin
sel marin
2 à 3 œufs
eau
facultatif: un peu de farine
garniture:
tranches de jambon, de saumon, de langue de bœuf
poisson séché ou fumé
jardinière de légumes
lamelles de différents fromages, etc.

Mélanger le sarrasin, le sel, l'eau et éventuellement la farine. Incorporer les œufs (la pâte obtenue doit être assez liquide, donc doser l'eau en conséquence). Faire sauter les crêpes, petites et minces, à la poêle (sans ou avec très peu de corps gras) et les garder au chaud rangées les unes sur les autres.

Suggestion sympathique, qui crée une ambiance agréable et détendue: chaque convive garnit ses crêpes lui-même et peut les arroser de crème aigre ou de yogourt. Si vous accompagnez ce mets d'une bonne salade d'endives et de noix, ou de céleri, d'un coulis de tomates, d'une purée d'oignons, voilà un repas qui enchantera vos amis.
Si vous possédez un gril portatif avec revêtement anti-adhérent, les crêpes pourront même être sautées à table.

Croquettes de fromage blanc et céréales

200 g de fromage blanc (lait entier)
175 g de fromage blanc maigre
200 g d'une céréale moulue (avoine, riz, orge, etc.)
1 ou 2 œufs
1 à 2 gousses d'ail hachées
1 oignon haché
1 cube de bouillon émietté
herbes aromatiques sèches
herbes aromatiques fraîches
hachées
sel marin
amandes moulues
facultatif: jambon ou reste de viande hachés

Mélanger les fromages, la céréale et les œufs et ajouter la quantité adéquate d'eau pour obtenir une pâte de consistance moyenne. Incorporer l'ail, l'oignon, le cube et les herbes sèches. Laisser reposer 10 minutes. Si la pâte est devenue trop épaisse, rajouter un peu d'eau. Juste avant la cuisson, mélanger les amandes, les herbes fraîches et le sel (éventuellement le jambon ou le reste de viande) à cette pâte et former des croquettes que l'on rôtit à la poêle (sans ou avec très peu d'huile) 2 à 3 minutes de chaque côté.
Servir avec un coulis de tomates ou des champignons, et une bonne salade.

Galettes de céréales (salées)

250 g d'une céréale moulue (riz, blé, orge, sarrasin, seigle ou avoine)
1 œuf
1 petit oignon haché très fin
sel marin
herbes aromatiques fraîches ou épinards crus hachés très fin
aromates en poudre

Tremper la céréale pendant quelques heures, dans pas trop d'eau pour que la masse reste consistante. Battre l'œuf avec l'oignon, le sel, les herbes et les aromates. Incorporer à la céréale et former des croquettes. Les rôtir à la poêle (sans ou avec très peu d'huile) 2 à 3 minutes de chaque côté.
Pour varier, préparer une masse plus liquide et faire des crêpes que l'on plie en deux après les avoir garnies de fromage râpé et que l'on garde au chaud dans le four (75°) au fur et à mesure de leur confection.

● Remplacer l'œuf par du séré maigre.

Gratin de riz et de légumes

250 g de riz complet trempé
1 gros oignon émincé
1 c. à café environ de bouillon de légumes
60 g de fromage râpé + quelques flocons
1 bol de coulis de tomates fraîches
2 légumes de votre choix:
carottes et poireaux ou
carottes et céleri ou
carottes et petits pois, etc.
facultatif: dés de jambon maigre

Cuire le riz et l'oignon avec le bouillon. Etuver les légumes (ils doivent rester croquants) et les couper en dés ou en rondelles. Dans un plat à gratin, disposer des couches alternées de chacun des ingrédients, en terminant par le coulis de tomates que vous faites pénétrer jusqu'au fond. Parsemer le tout de quelques flocons de fromage et gratiner à four chaud.
L'orge, l'avoine et le blé vert, par exemple, peuvent s'apprêter de la même manière.

● Utiliser du fromage maigre.

Knöpflis (recette bâloise)

400 g de farine mi-blanche
200 g d'orge moulue très fin
sel marin
2 œufs
50 g de fromage râpé
1 c. à soupe d'huile de tournesol crue
panure

Mélanger la farine, la céréale, le sel et les œufs avec une quantité d'eau adéquate pour obtenir une pâte pas trop épaisse et un peu collante. Laisser reposer 2 heures.
A travers un presse-purée à gros trous ou à l'aide d'un couteau, former des boulettes de la grosseur d'une petite noix que vous faites tomber directement dans une casserole d'eau bouillante.
Cuire pendant 5 à 6 minutes, par petites quantités. Egoutter au fur et à mesure, saupoudrer le fromage et garder au chaud dans le four (100°). Au moment de servir, couvrir d'une légère couche de panure et arroser d'huile.

Maïs en grains ●

Avez-vous déjà pensé à cuire du maïs en grains? C'est un plat très nourrissant qui introduira une note de variété dans vos menus. Vous en trouverez sans difficulté dans les magasins de produits diététiques.

Ingrédients pour 3 personnes:

250 g. environ de grains de maïs
1 à 2 gousses d'ail
Cénovis ou sauce soya
1 pincée de thym ou 1 feuille de laurier
1 poignée de fines herbes fraîches
une bonne pincée d'algues marines déshydratées
1 à 2 cuillères à soupe de fromage blanc maigre

La veille, mettez le maïs à tremper dans de l'eau froide (2 cm d'eau au-dessus de la surface), amenez à ébullition et laissez

refroidir tranquillement. Le lendemain, si vous en avez le loisir, cuisez une deuxième fois 10 à 15 minutes et laissez à nouveau refroidir. Vous gagnerez ainsi un bon moment sur le temps de cuisson final.
Au moment de préparer votre repas, ajoutez l'oignon, l'ail, le fromage blanc, les algues et l'assaisonnement choisi et comptez encore 1 heure de cuisson à petit feu (1½ h si vous ne l'avez pas cuit le matin). Lorsque votre maïs est cuit, il doit avoir absorbé toute son eau.
Rectifiez l'assaisonnement et parsemez de fines herbes.

Maïs en croquettes ●

(Avec un reste de maïs en grains).
Faites une sauce Béchamel épaisse et bien relevée (voir p. 166). Ajoutez-y 1 ou 2 jaunes d'œuf, vos grains de maïs, un peu de fromage blanc maigre.

Etalez sur une plaque à tarte, sur 1½ cm d'épaisseur, et laissez refroidir. Découpez ensuite des croquettes et rôtissez-les comme les «beefsteacks» de céréales (voir p. 120) ou faites-les gratiner au four comme les gnocchis de pommes de terre (voir p. 162).

Maïs en salade ●

Un reste de maïs en grains donne une savoureuse salade, surtout si vous l'agrémentez de rondelles de tomates, de radis ou de concombres, de champignons cuits, d'un peu de céleri râpé et d'une tasse de pois cuits. N'oubliez pas les petites herbes fraîches!

Millet aux pois ●

Ingrédients: *Autant de millet que de pois (en grammes!), une pincée d'algues marines, de l'estragon frais ou séché, petites herbes fraîches, un oignon et une gousse d'ail hachés, sauce de soya.*

Faites cuire les pois avec l'oignon et l'estragon, dans un peu d'eau. A mi-cuisson, ajoutez le millet, la sauce de soya, les

algues marines et de l'eau, afin que celle-ci recouvre le tout de 1½ cm. Laissez cuire encore 5 minutes et tenez au chaud une dizaine de minutes avant de servir.
Au moment de passer à table, rectifiez l'assaisonnement, mélangez délicatement le tout avec la gousse d'ail et parsemez votre plat avec les fines herbes fraîches.

Variante: on peut cuire le millet de la même manière avec un autre légume, ... ou sans légume!

Omelette aux céréales

200 g d'une céréale fraîchement moulue (blé, orge, avoine ou seigle)
sel marin
2 œufs
250 g d'épinards crus hachés fin, ou
laitues, poireaux, etc.
1 petite pomme de terre râpée

Mélanger au fouet la céréale et le sel dans un peu d'eau. Laisser reposer 1 heure. Ajouter les œufs, le légume et la pomme de terre. Rôtir à la poêle, sans corps gras, sous forme de croquettes ou de crêpes.
Ce mets est délicieux accompagné de tomates sur lit d'oignons.

● remplacer les œufs par du séré maigre.

Pâte à crêpes de régime ●

Cette pâte peut se préparer avec du sarrasin, de l'avoine ou de l'orge, mais la plus maniable est la pâte au sarrasin. Veillez à ce que la mouture soit la plus fine possible et, les premières fois, passez-la ensuite au-travers d'une passoire. Vous pourrez conserver le son pour préparer la crème Budwig, par exemple.
Après avoir moulu et tamisé la céréale, mouillez-la avec du lait cru écrémé coupé de moitié d'eau. La pâte obtenue doit

être coulante. Préparez-la au moins 20 minutes à l'avance. Salez légèrement et, si votre médecin vous y autorise, ajoutez une pointe de couteau de levure SÈCHE (pas de poudre à lever chimique!).
Au moment de cuire les crèpes, ajoutez la quantité de liquide nécessaire pour que la pâte ait la consistance requise. Cette pâte est plus délicate à manier que celle qui est préparée avec des œufs, mais les quelques précautions suivantes faciliteront votre tâche:

1. Préchauffez bien votre poêle (elle aura atteint la chaleur requise lorsque, si vous y jetez quelques gouttes d'eau froide, elles forment de petites boules qui roulent avant de s'évaporer).

2. Utilisez une poêle qui permet de cuire les aliments sans corps gras ou une poêle en fonte.

3. Faites les crèpes aussi minces que possible.

4. N'essayez pas de les retourner avant qu'elles ne se détachent d'elles-mêmes facilement.

Si votre pâte est suffisamment liquide, vous ne devriez avoir aucun problème. Il est certain qu'une crêpière facilite grandement la tâche et rend l'opération encore plus amusante.

Purée de céréale

Délayez la céréale fraîchement moulue, avec de l'eau jusqu'à ce que sa consistance devienne liquide. Laissez-la reposer une dizaine de minutes au moins. Au moment de la cuire, ajoutez à nouveau un peu d'eau. Cuisez-la à feu doux, sans cesser de remuer au fouet. A partir de ce moment, procédez comme pour la semoule de millet décrite à la page 132. Pour délayer la purée, vous pouvez employer un mélange moitié eau, moitié lait écrémé.

N.B.: N'employez ni blé ni seigle pour cette recette et ne mélangez pas les céréales. Si vous aimez la bouillie de blé, veillez à la cuire assez longtemps pour la rendre plus digeste.

Riz complet aux légumes ●

200 g de riz complet trempé
1 grosse carotte coupée en dés
1 petit céleri coupé en dés
1 poireau vert ou 1 endive coupés en dés
1 cube de bouillon
30 g de fromage râpé

Tremper le riz la veille, ou alors le porter à ébullition le matin même et bien le couvrir pour le laisser gonfler (voir p. 15, chiffre 13). Cuire ensuite le riz dans son eau pendant 20 minutes (70 à 75°) avec les légumes et le cube. Servir le fromage à part.
L'orge et le sarrasi s'apprêtent de la même manière.
Le fait de mélanger du fromage blanc maigre à l'eau de cuisson des céréales augmente leur valeur nutritive. Cette remarque est aussi valable pour n'importe quel légume.

Sarrasin ●

200 g de sarrasin
½ litre d'eau
4 c. à soupe de fromage blanc maigre
1 oignon haché
2 cubes de bouillon émiettés
sel marin
1 pointe de couteau de sucre de fruits
30 g de fromage râpé
persil haché

Mélanger tous les ingrédients, sauf le fromage et le persil, et les mettre dans un plat allant au four.
Cuire pendant 45 minutes dans le four préalablement chauffé à 175°. Au moment de servir, ajouter fromage et persil.
Ce mets peut aussi être préparé dans une casserole (70 à 75°).

● supprimer le fromage ou utilisez du fromage râpé maigre. Servez votre sarrasin avec un coulis de tomates fraîches ou des champignons en légume et une appétissante salade.

Semoule de millet ●

Moudre environ 75 g de millet pour une personne (mouture assez grossière, selon votre goût).

Préparez ensuite une carafe d'eau chaude et gardez-la en réserve, à portée de la main. Faites chauffer environ 2 à 2 dl ½ de lait écrémé et amenez-le à ébullition. Jetez-y le millet en pluie, en battant vivement au fouet. Pendant toute la durée de la préparation, ne cessez pas de remuer vigoureusement la semoule et, au fur et à mesure qu'elle épaissit, ajoutez-y un peu d'eau chaude de la carafe. Comptez 20 secondes à partir de la première ébullition et retirez la casserole du feu, toujours en remuant. Couvrez la casserole et laissez encore la semoule au chaud pendant 5 à 10 minutes (pas sur la plaque de la cuisinière!). Au moment de servir la semoule, vérifiez sa consistance et, si vous la trouvez trop épaisse, ajoutez encore un peu d'eau chaude.

Assaisonnement conseillé: thym, une pincée d'algues marines déshydratées (cuites avec la semoule), ail finement haché (ajouté après cuisson), et un jaune d'œuf (mélangé à la semoule au moment de servir).
N.B.: Si vous préparez une semoule sucrée, utilisez du miel, mais ne le cuisez pas.

Soufflé de céréales

200 g d'une céréale à peine rôtie, puis moulue et trempée
sauce béchamel légère (p. 166)
3 jaunes d'œufs
3 blancs d'œufs battus en neige
30 g de fromage râpé

La sauce béchamel peut se préparer à partir de lait, coupé avec un peu de jus de viande. Lorsqu'elle est suffisamment consistante, la retirer du feu et ajouter les jaunes d'œufs et le fromage. La mélanger à la céréale qui, gonflée, doit former une

bouillie épaisse. Pour terminer, incorporer délicatement les blancs d'œufs montés en neige et verser dans un plat à gratin. Cuisson au four (175°) pendant 25 minutes.
Ce soufflé peut se préparer sucré ou non, avec n'importe quelle céréale.

Soufflé au riz (voir chap. XI, p. 98).

PAIN

Remarques valables pour toutes les sortes de pain:

Inciser la surface du pain avant de l'introduire dans le four préalablement chauffé à 250°. Au moment de l'enfourner, aspergez-le d'un peu d'eau, de même que le fond du four, afin de provoquer une bonne bouffée de vapeur. Cuisson: 45 minutes, dont 35 minutes à 175° et les 10 dernières à 250°.

Le seigle et le blé sont les céréales qui se prêtent le mieux à la panification. Ne jamais utiliser l'orge, le riz, le maïs ou l'avoine seuls. En revanche, on peut en ajouter un peu au seigle ou au blé. L'avoine donne un goût plus prononcé.

Pain complet I ●

600 g de blé ou de seigle fraîchement moulus (voir ci-dessus «Pain»)
40 g de levure de bière fraîche
½ tasse d'eau tiède
3 à 4 c. à soupe de farine mi-blanche tamisée
1 c. à café de sucre de fruits
1 c. à café de sel marin dissout dans de l'eau tiède
1 c. à soupe d'huile
4 dl d'eau tiède environ

La veille – ou tôt le matin – délayer la levure dans une demi-tasse d'eau et mélanger ensuite à la farine de manière à obtenir une pâte de consistance très épaisse. Recouvrir d'un linge et laisser lever dans *un endroit tempéré et à l'abri des courants d'air.* Le lendemain matin – ou 5 à 6 heures plus tard si le levain a triplé de volume – ajouter la céréale, le sel, l'huile, le sucre et les 4 dl d'eau tiède. Pétrir [1] la masse 15 à 20 minutes, en la battant énergiquement et en la retournant plusieurs fois, jusqu'à ce qu'elle soit lisse et brillante. Façonner le pain, le déposer sur une plaque à gâteau ou dans un moule à cake par

[1] Si vous faites cette opération à l'aide d'un robot ménager, suivez le mode d'emploi mais comptez 100 secondes de pétrissage supplémentaires.

exemple (fariné). Laisser lever encore 2 heures dans les mêmes conditions que le levain. Cuisson: voir remarques p. 134.

Pain complet II ●

300 g de blé ou de seigle fraîchement moulus (voir sous «Pain»)
20 g de levure de bière fraîche
½ tasse d'eau tiède
150 g de farine complète ou de farine bise tamisées
50 g de son
25 g de graines de lin ou de sésame entières, légèrement rôties
1 c. à thé de sel marin
1 c. à thé de sucre de fruits
3,5 dl d'eau tiède environ (ou moitié lait, moitié eau)

Préparer le levain avec une petite partie de la farine tamisée et procéder ensuite comme pour le Pain complet I. Si vous en aimez le goût, remplacer une partie de la farine bise par du soya. La pâte de ce pain met 1 heure pour lever.

Pain aux noix ●

1 tasse de noix concassées
1 tasse de sucre de fruit (ou moins!)
2 tasses de farine de blé fraîchement moulue
20 g de levure de bière
1 jus de citron
1 tasse de lait écrémé

Délayez la levure dans une cuillère à café de sucre, jusqu'à ce qu'elle devienne liquide. Mélangez le sel à la farine.
Faites une fontaine dans la farine, versez la levure et pétrissez du bout des doigts. Ajoutez le jus de citron, puis le lait et pétrissez au moins 20 minutes. Votre pâte doit être souple et élastique et ne pas coller aux doigts. Ajoutez alors les noix et

pétrissez à nouveau pour qu'elles soient bien réparties dans la pâte. Faites une boule avec votre pâte et laissez-la lever 2 heures dans un endroit tiède, à l'abri des courants d'air. Puis pétrissez de nouveau et mettez la masse dans un moule à cake en laissant de nouveau lever 30 minutes.
Prenez les mêmes précautions pour la cuisson que pour le pain au son.

Pain au son ●

75 g de son (du commerce ou fait maison
100 g de farine de soya
300 g de farine de blé complète
env. 2,5 dl d'eau tiède
30 g de graines de sésame
10 g de levure de bière
1 cuil. à café bombée de sel
1 cuil à café de sucre

Rôtissez légèrement les graines de sésame (sans corps gras!) Mélangez la levure de bière avec le sucre jusqu'à ce qu'elle devienne liquide.
Mélangez les farines, le sésame et le sel. Faites une fontaine. Versez- la levure liquéfiée et mélangez du bout des doigts. Ajoutez le liquide petit à petit et pétrissez énergiquement pendant au moins 20 minutes. Votre pâte doit être souple et élastique et ne doit pas coller aux doigts.
Si vous avez un robot ménager, suivez le mode d'emploi, mais pétrissez plus longtemps que le temps indiqué (environ le double).
Laissez lever dans un endroit tiède pendant environ 3 heures. Votre pâte doit doubler de volume. Pétrissez alors légèrement la pâte pour la mettre en forme et laissez-la lever encore 30 minutes, avant de l'enfourner dans le four préalablement chauffé pendant 10 minutes. N'oubliez pas d'inciser le pain avec un couteau et de l'asperger avec un peu d'eau. Dès que votre pain est dans le four, baissez la chaleur. Vous la remonterez 20 à 30 minutes plus tard pour terminer la cuisson.

Pâte à tarte

350 g de farine mi-blanche
200 g d'orge moulue
1 pincée de sel marin
1 c. à soupe de vinaigre de pomme
180 g de corps gras
4 dl d'eau tiède environ

Travailler cette pâte exactement comme votre pâte à tarte habituelle, mais elle doit être plus humide. L'orge peut être remplacée par du blé ou du riz.

Pâte à tarte sans corps gras ●

125 g d'une céréale fraîchement moulue
200 g de farine mi-blanche
220 g de fromage blanc maigre
1 prise de sel marin
1 à 1,5 dl d'eau

Bien mélanger la céréale, la farine et le fromage. Ajouter le sel et l'eau, pétrir rapidement et laisser reposer quelques heures. Cette pâte gagne à être assez épaisse. Elle n'est pas aussi croquante que la pâte ordinaire, mais elle a très bon goût.

LÉGUMINEUSES

Haricots blancs ●

Les haricots blancs se préparent comme les lentilles. On peut toutefois ajouter quelques tomates fraîches à leur cuisson.

Lentilles ●

200 g de lentilles
1 cube de bouillon
1 gros oignon haché
1 gousse d'ail écrasée
marjolaine
1 c. à soupe de riz moulu trempé
1 c. à café de farine
sel marin

Faire tremper les lentilles la veille. Les cuire dans leur eau avec le cube de bouillon, l'oignon, l'ail et la marjolaine. Préparer une liaison avec le riz, la farine et le sel, et l'incorporer aux lentilles une fois la cuisson terminée.

Soya ●

Trempé et préparé comme des lentilles, le soya est excellent et particulièrement nourrissant. Servie avec des légumes, cette plante légumineuse d'origine exotique remplace avantageusement la viande.

Salade de soya jaune

150 g de soya jaune
2 tomates coupées en dés
2 œufs durs ou 2 portions de fromage 1/4 gras coupés en dés
2 tranches de jambon dégraissé ou un reste de viande (poulet,

bouilli, langue) hachés grossièrement ou
100 g de champignons crus
herbes aromatiques fraîches
hachées
sauce à salade
facultatif: radis

Tremper le soya pendant 12 heures. Le cuire dans son eau pendant 1 heure. Laisser refroidir. 10 minutes avant de servir, mélanger tous les ingrédients à la sauce à salade.
Le riz complet ou l'orge peuvent être apprêtés de la même manière.

Salade de soya rouge

150 g de soya rouge (azuki)
1 oignon haché
1 gousse d'ail écrasée
1 feuille de laurier
persil haché
ciboulette coupée
fines lamelles d'écorce de citron
Sauce:
1 à 2 c. à soupe de fromage blanc maigre
1 c. à café de miso [1]
1 à 2 gousses d'ail écrasées
basilic frais ou sec
huile de tournesol crue
sel marin
facultatif: moutarde, vinaigre

Tremper le soya pendant 12 heures. Le cuire dans son eau pendant 1 heure avec l'oignon, l'ail et la feuille de laurier. Laisser refroidir, égoutter et enlever la feuille de laurier.
Pour préparer la sauce, bien travailler le fromage avec le miso, ajouter l'ail, le basilic – coupé très fin s'il est frais – et l'huile. Mélanger énergiquement et saler. Incorporer éventuellement de la moutarde et du vinaigre. Si elle est trop épaisse, délayer la sauce [2] avec un peu de lait.

[1] En vente dans les commerces de produits diététiques.
[2] Cette sauce convient très bien aux salades de pâtes et de riz.

LÉGUMES CRUS ET SALADES

Sauce à salade I

1 c. à soupe de fromage blanc maigre
un peu d'eau chaude
2 c. à soupe d'huile de tournesol crue
vinaigre
1 cube de bouillon émietté
1 c. à moka de graines de moutarde moulues
herbes aromatiques sèches

Battre le fromage avec l'eau. Ajouter les autres ingrédients et bien mélanger. Les herbes aromatiques sont laissées à votre choix: persil, estragon, cresson, céleri, cerfeuil, sarriette, thym, etc. L'adjonction de noix et de noisettes convient bien aux salades de légumes (céleri, chou, fenouil).

Sauce à salade II ●

Mélanger au fouet ou au mixer:
1 bonne cuillère à soupe de fromage blanc maigre ou de fromage à la louche maison
1 bonne cuillère de yoghourt nature (ou maison)
3 cuillères à soupe d'huile de tournesol Schweizer
1 cuillère à soupe d'eau ou de lait écrémé
La quantité de jus de citron qui vous convient
1 cuillère à moka (ou selon votre goût) de graines de moutardes moulues
1 soupçon de sel (ou de sel de céleri)
1 cuillère à moka de sauce soja
1 pincée de thym déshydraté (ou frais)

Les proportions indiquées permettent d'assaisonner deux portions de salade. Dans un bocal de verre à fermeture hermétique, cette sauce peut se conserver sans aucun problème au

réfrigérateur, pendant 3 ou 4 jours. Si vous désirez en préparer pour plusieurs personnes, il vous suffit d'augmenter proportionnellement les quantités.
Pour relever le goût et varier vos salades, vous pouvez incorporer à la sauce de l'ail, des oignons, des fines herbes fraîches ou déshydratées (pensez au cumin, à l'aneth et à la menthe), des oléagineux (le sésame légèrement rôti a beaucoup de goût), ou des raisins secs.

Choucroute maison ●

Si les charcuteries qui accompagnent généralement la choucroute sont loin d'être reconnues pour leur valeur diététique, le choux fermenté est en revanche un merveilleux aliment de santé que vous pouvez parfaitement préparer vous-mêmes. Votre choucroute maison sera moins salée que celle du commerce, sans aucun additif alimentaire (voir p. 203) et merveilleusement délicieuse.

Ingrédients et ustensiles nécessaires:
1 pot de grès vernissé à l'intérieur;
des choux de Milan, de préférence à toute autre variété (ou des Gros d'Alsace, si vous en trouvez dans votre région), et quelques feuilles de noyer (ces dernières figurent dans les recettes de grand-mères, mais elles ne sont pas réellement indispensables);
du sel marin et des grains de genièvre,
un couvercle en bois et un linge pour recouvrir le pot de grès (le couvercle doit avoir 1 cm de ∅ de moins que le pot);
1 poids.

Lavez les choux et les feuilles de noyer. Emincez les choux, ni trop fins ni trop gros, en prenant modèle sur la choucroute vendue dans le commerce, puis tapissez le fond du pot de grès avec les feuilles de noyer. Posez ensuite alternativement une couche de choux émincés, un pcu dc scl marin ct ainsi de suite, en ajoutant de temps en temps quelques grains de genièvre. Le pot doit être rempli au maximum: tassez donc les choux le plus possible. Ne salez pas trop (l'expérience vous apprendra les justes quantités). Lorsque le pot est rempli à 5-6 cm du bord supérieur, ajoutez quelques feuilles de noyer, recouvrez le pot d'un linge et posez le couvercle avec le poids par-dessus. Versez alors de l'eau froide dans votre pot (il faut au moins 3 cm d'eau au-dessus du couvercle) et conservez le tout dans un endroit où règne une température de 18 à 20°. Laissez fermenter pendant dix jours, puis ouvrez le pot, enlevez le linge et videz le liquide. Refermez alors le pot (toujours avec le linge, le couvercle et le poids), et conservez la choucroute AU FRAIS. Trois à quatre semaines plus tard, elle sera prête à être consommée.

N.B.: Le meilleur mois pour préparer la choucroute est le mois d'août. Avant de la déguster (crue, en salade ou cuite), n'oubliez pas de la rincer à l'eau froide.
Certaines recettes préconisent de verser la saumure sur les choux, une fois le pot rempli. La saumure se prépare avec 200 gr. de sel marin pour 1 litre d'eau. Cette technique évite de devoir saler les couches de chou successives, mais elle a ses partisans et ses détracteurs...
Vous devrez peut-être faire un ou deux essais avant de devenir experte en choucroute. Je vous conseille donc de commencer par de petites quantités et de ne pas vous laisser décourager par un échec, car le jeu en vaut la chandelle!

Cocktail yoghourt I ●

Battre un yoghourt avec:
2 ou 3 sortes de fines herbes hachées
1 pincée de thym
1 gousse d'ail émincée ou pressée, ou un peu de graines de moutarde moulues
Un peu d'oignon finement haché, si vous aimez, ou du jus de citron
1 jaune d'œuf cru
1 cuillère à thé de farine de riz ou d'orge fraîchement moulue
1 légume cru, râpé ou passé à la moulinette (carotte, céleri, radis, chou, champignons, tomates, raves nouvelles, etc.)

Vous pouvez donner à ce coktail une consistance plus ou moins épaisse en augmentant ou en réduisant, selon votre goût, la quantité de légumes employés.
Lorsque vous consommez ce cocktail en dehors des semaines de régime à base de crudités, vous pouvez y ajouter un peu de Cénovis pour en relever encore la saveur.

Cocktail yogourt II ●

4 yogourts nature
herbes aromatiques fraîches hachées
(persil, ciboulette, estragon, cerfeuil)
1 œuf dur haché
moutarde
radis
tomates

Battre les yogourts avec les herbes aromatiques, l'œuf dur et un peu de moutarde. Remplir des coupes ou des verres et garnir avec les radis et les tomates. Garder au frais ½ heure dans le réfrigérateur avant de servir.

● supprimer l'œuf dur. A sa place, un jaune d'œuf ou, éventuellement, un peu de fromage à 25% de matières grasses, râpé.

Endives en salade: voir p. 96. ●

Légumes crus et sauce yoghourt ●

Préparez un assortiment de légumes de saison, joliment présentés sur un lit de feuilles de salades, d'endives, d'épinards ou de choux. Pensez au plaisir des yeux en présentant chaque légume d'une façon différente:
en bâtonnets: carottes, courgettes, céleris (raves ou en branches), concombres, poireaux, choux-raves et raves nouveaux, pâtisson et fenouil;
en rondelles: tomates et oignons;
en bouquets: chou-fleur, broccoli, mâche;

entiers: champignons de Paris, radis.
Servez ces légumes avec une ou plusieurs sauces au yoghourt assaisonnées différemment et préparées selon la recette du cocktail au yoghourt, mais sans légumes. Faites, par exemple, une sauce à l'ail, une autre au citron, et une autre encore avec des graines de moutarde.

Rouleaux de laitues ●

Mélangez du fromage blanc maigre avec du sucre de fruit et un peu de jus de citron. Posez une cuillère à soupe du mélange dans une feuille de laitue. Roulez et croquez.

Salade de champignons crus ●

1 céleri-rave (céleri-pomme)
2 à 3 pommes, à pelure rouge si possible
10 noix
brins de persil
sauce à salade habituelle ou au yogourt

Râper le céleri et le mélanger tout de suite à la sauce à salade qui doit être suffisamment abondante pour bien imprégner le légume. Dresser en dôme sur le plat de service et laisser libre cours à votre imagination pour faire un petit chef-d'œuvre de décoration avec les pommes, les noix et le persil.

Salade de céleri et de pommes ●

200 g de champignons de Paris frais
Ail, persil, ciboulette
Jus de citron
Sauce à salade

Lavez, émincez les champignons. Hachez l'ail, mélangez-le aux champignons. Puis, arrosez largement de jus de citron afin que les champignons restent blancs, et laissez macérer au réfrigérateur pendant 2 heures. Au moment de passer à table, ajoutez la sauce à salade et les fines herbes.

Salade de chou-rave ●

1 chou-rave
estragon haché
persil haché
quelques noix grossièrement hachées
sauce à salade

Choisir un jeune chou-rave, bien tendre, et le râper finement. Ajouter les noix à la sauce à salade et mélanger avec le chou-rave. Saupoudrer d'herbes.
Tous les légumes crus peuvent s'apprêter de cette manière (poireau, chou-fleur, chou, céleri, laitue, épinard, fenouil, etc.).

Salade de courgettes ●

Quelques petites courgettes crues
ciboulette coupée
sauce à salade

Choisir des courgettes jeunes et tendres. Ne pas les éplucher, mais les laver soigneusement et les couper en fines rondelles. Mélanger à la sauce à salade et parsemer de ciboulette. Cette salade s'accompagne très bien de quelques rondelles de tomates.

Salade d'endives et d'oranges ●

Endives de taille moyenne
Oranges (même quantité + 1)
1 jus de citron
1 c. à thé de sucre de fruits ou de miel
facultatif: cerneaux de noix

Couper les endives comme pour une salade ordinaire. Peler les oranges à vif et les débiter en demi rondelles très fines. Réserver leur jus pour le mélanger à celui du citron et au sucre (ou miel). Brasser le tout et garnir éventuellement de cerneaux de noix.
N'employer que des oranges *avec pépins.* Servie comme entrée et préparée avec des oranges sanguines, cette salade est déjà un vrai régal pour les yeux.

Salade de fenouil ●

1 gros fenouil
quelques noix grossièrement hachées
sel marin
sauce à salade
facultatif: 1 c. à soupe de crème maigre

Une fois épluché et lavé, tremper le fenouil pendant 1 heure dans de l'eau additionnée de sel.
Ajouter les noix à la sauce à salade et mélanger avec le fenouil que vous aurez haché un quart d'heure seulement avant de servir.
Si vous avez des visites ou si vous êtes particulièrement gourmands, vous pouvez ajouter de la crème maigre au moment de passer à table.

Salade de maïs (voir p. 128) ●

Tarrator (salade de concombre à la mode roumaine)

1 concombre
yogourt nature
jus de citron
sel marin
poivre
herbes aromatiques fraîches hachées (estragon, ciboulette, basilic, cerfeuil)
facultatif: 1 filet d'huile
1 à 2 gousses d'ail écrasées

Laisser dégorger le concombre avec du sel. Bien l'essuyer et le débiter en fines rondelles. Préparer une sauce très abondante en incorporant soigneusement les autres ingrédients au yogourt.
Si désiré, ajouter un filet d'huile, éventuellement de l'ail. Mélanger le tout et garder au frais ½ heure dans le réfrigérateur avant de servir.

Tomates en hors-d'œuvre

6 à 8 tomates évidées
150 g de fromage blanc maigre
1 poignée de petits pois cuits
1 œuf dur haché
1 tranche de jambon (ou de rôti) hachée
sel marin
moutarde
feuilles de salade verte
quelques radis coupés en rondelles
persil haché

Mélanger les petits pois, l'œuf, la viande, le sel et la moutarde au fromage battu en crème. Rectifier l'assaisonnement et remplir les tomates. Disposer celles-ci sur un lit de feuilles de salade et décorer avec les radis et le persil.

● supprimer le jambon et l'œuf dur. Les remplacer par un jaune d'œuf cru, un reste de rôti froid et des champignons crus.

Tomates farcies (crues) I

Par personne:
2 belles tomates sans défauts
1 tranche de jambon maigre haché
1 œuf dur haché
herbes aromatiques fraîches hachées
champignons de Paris émincés

3 c. à soupe de fromage blanc maigre
2 c. à soupe de sauce à salade
(p. 140)
feuilles de salade verte
quelques radis coupés en rondelles
persil haché

Couper le dessus des tomates, les évider mais garder les couvercles. Battre la sauce à salade avec le fromage et mélanger avec le jambon, l'œuf, les herbes aromatiques, les champignons et les rondelles de radis (en réserver quelques-unes pour la décoration). Remplir les tomates de cette farce et poser le couvercle dessus. Disposer sur un lit de feuilles de salade et décorer avec le reste des rondelles de radis et le persil.

● supprimer le jambon et l'œuf dur. Les remplacer par un jaune d'œuf cru, un reste de rôti froid et des champignons crus.

Tomates farcies II ●

2 tomates par personne
(1 si c'est une entrée pour un repas non cru)
salade de carottes
fines herbes fraîches, ail

Faites une salade de carottes généreusement arrosée de sauce. Ajoutez beaucoup de fines herbes, de l'ail et, si vous aimez, quelques dés de pommes acides et des raisins secs. Coupez vos tomates en deux, dans le sens de la largeur. Evidez-les et farcissez-les avec la salade. Posez un radis ciselé par-dessus, le chapeau d'un champignon ou ½ noix pour décorer, et présentez vos tomates sur un lit de feuilles de salade. Délicieux aussi avec de la salade de céleri ou de chou blanc.

Variante: pour le régime non cru:

La farce des deux recettes précédentes (agrémentée ou non de pois cuits) peut être employée pour farcir des ½ courgettes blanchies, évidées et servies tièdes.

Tomates farcies III ●

2 tomates
quelques noix
1 gousse d'ail
persil haché

Lavez et évidez les tomates. Hachez finement la gousse d'ail. Hachez grossièrement les noix. Mélangez noix, ail, persil avec un peu de la pulpe des tomates et farcissez-en les tomates. Remettez le «chapeau» et décorez avec ½ noix, 1 brin de persil ou 1 radis. Servez sur des feuilles de salade.

LÉGUMES

Bettes

800 g de côtes de bettes coupées en petits morceaux (garder les feuilles pour un potage ou un légume)
1 oignon émincé
200 g de viande de bœuf maigre hachée
persil haché
facultatif: 1 c. à café d'huile de chardon

Cuire les côtes du légume à la vapeur. Faire revenir l'oignon à la poêle, avec ou sans corps gras, ajouter la viande et rôtir pendant 10 minutes. Verser le tout sur les bettes et parsemer de persil.

- Pour la viande hachée, procédez comme suit:
  Achetez un morceau de bœuf maigre. Faites-le hacher sous vos yeux par votre boucher, ou mieux, hachez-le vous-même. Apprêtez-le dans l'heure qui suit en le faisant rôtir sans corps gras, à petit feu. Ensuite ajoutez l'oignon émincé et vous laissez encore cuire à couvert pendant 10 minutes avant de mélanger la viande à votre légume.

  Apprêtez de la même manière: cardons, aubergines, fenouils, crosnes, scorsonères.

Bettes aux céréales

Voir p. 120

Cardons

1 kg de cardons débarassés de leurs feuilles et épines
un peu de farine délayée dans du lait
400 g de champignons frais émincés (cèpes ou champignons de Paris) ou secs (60 g)
une bonne goutte de vin blanc sec
1 oignon émincé

1 cube de bouillon délayé dans
1 verre d'eau
sel marin
aromates en poudre
3 c. à soupe de riz fraîchement moulu et trempé
30 g de fromage râpé
1 c. à soupe d'huile de tournesol crue

Cuire les cardons pendant 20 minutes dans de l'eau (70 à 75°) à laquelle vous aurez ajouté la farine et le lait pour enlever l'amertume du légume. Cuire les champignons dans le vin jusqu'à réduction du liquide, ajouter l'oignon, le cube de bouillon, les aromates et le sel, et terminer la cuisson. Lier avec le riz et rectifier l'assaisonnement. Dans un plat à gratin, déposer alternativement une couche de cardons saupoudrée de fromage râpé, une couche de champignons, etc. Terminer par une couche de fromage et garder au chaud (100°) dans le four. Au moment de servir, arroser d'huile.
Les laitues, asperges, endives, bettes, poireaux, etc. peuvent être apprêtés de la même manière.

Céleri-rave jardinière ●

½ céleri-rave par personne
petits pois frais ou surgelés
quelques petits oignons blancs
1 branche d'estragon frais ou 1 pincée d'estragon déshydraté
1 pincée d'algues marines déshydratées
1 c. à café de sauce soya ou de Cénovis
fromage râpé ¼ gras

Pelez le céleri-rave, lavez-le et cuisez-le entier à l'étouffée pendant 20 ou 30 minutes (selon sa grosseur). Ajoutez ensuite les petits pois, l'estragon, les oignons, la sauce soya et les algues marines. Lorsque les légumes sont cuits, coupez le céleri-rave en deux, évidez les moitiés et remplissez-les avec les pois, les oignons et les algues. Disposez-les dans un plat à gratin au fond duquel vous aurez préalablement versé le fond de cuisson des légumes. Parsemez ensuite le tout de fromage râpé et faites gratiner pendant une dizaine de minutes.

Champignons en légume ●

500 g de champignons frais émincés (une ou plusieurs espèces)
1 oignon haché
1 gousse d'ail hachée
1 cube de bouillon
3 à 4 tomates coupées en huit
herbes aromatiques fraîches
hachées
liaison au riz moulu
facultatif: ½ dl de vin blanc

Cuire les champignons, l'oignon, l'ail et le cube de bouillon dans un peu d'eau et éventuellement du vin. En cours de cuisson, ajouter les tomates. Lier enfin avec le riz moulu et redonner un bouillon pour épaissir. Au moment de servir, parsemer d'herbes aromatiques.
Pour varier, les champignons peuvent être apprêtés sans tomates.

Chou blanc aux champignons

1 chou blanc
300 g de cèpes (bolets) frais émincés
ou 50 g de champignons secs
2 dl de bouillon
1 c. à soupe de vin blanc sec
1 c. à soupe de crème maigre
1 oignon haché
panure

Détacher les feuilles du chou et les cuire (70 à 75°).
Cuire les champignons avec 1 dl de bouillon, le vin, la crème et l'oignon.
Déposer la moitié des feuilles du chou dans un plat à gratin, puis les champignons et, pour terminer, le reste du chou. Saupoudrer de panure et arroser avec le reste du bouillon. Garder au chaud dans le four (100°) pendant 10 minutes.
Le chou chinois peut être apprêté de la même manière.

Coulis de tomates ●

Quelques tomates bien mûres
1 oignon haché
2 gousses d'ail haché
1 pincée de thym
1 pincée de romarin
1 pincée de marjolaine
1 pincée d'algues marines déshydratées (facultatif)
déshydratés
1 pincée de basilic en poudre (facultatif)
1 c. à soupe de sauce soya ou de Cénovis
1 c. à soupe de farine de riz fraîchement moulue
2 c. à soupe de lait écrémé
fines herbes hachées fraîches

Lavez les tomates et coupez-les en quartiers. Versez-les dans une casserole dans laquelle vous ajouterez 1 c. à soupe d'eau, l'oignon, l'ail, les herbes sèches, les algues, et la sauce soya. Laissez mijoter à petit feu pendant 30 minutes. Passez ensuite au mixer en ajoutant la farine de riz et le lait. Poivrez très légèrement et redonnez un tour de cuisson pour que votre coulis prenne une consistance onctueuse. Au moment de passer à table, ajoutez le hâchis de fines herbes fraîches et rectifiez l'assaisonnement.

Courgettes en tranches

Voir p. 124.

Courgettes farcies

1 courgette de taille moyenne par personne (ou davantage si elles sont petites)
sauce à salade bien relevée à base de
fromage blanc maigre
2 à 3 tranches de jambon dégraissées
1 à 2 œufs durs
herbes aromatiques fraîches
hachées
facultatif: 1 tasse de petits pois cuits ou de céleri râpé

Cuire les courgettes entières en veillant à ce qu'elles restent fermes.
Les couper en deux dans le sens de la longueur, les évider et laisser tiédir.
Couper le jambon en dés, écraser le ou les œufs à la fourchette et mélanger à la sauce à salade à laquelle vous aurez incorporé les herbes aromatiques.
Farcir les courgettes avec cette préparation.
Ce plat peut servir d'entrée, ou bien de plat principal s'il est accompagné, par exemple, de céréales et d'une salade.

Courgettes gratinées

1,5 kg de courgettes
sel marin
poivre
1 pincée d'algues marines sèches et émiettées
1 œuf par personne
50 g de fromage râpé
persil haché ou ciboulette coupée

Partager les courgettes dans le sens de la longueur et enlever les pépins et la partie ligneuse. Râper et cuire dans très peu d'eau en veillant à ce que le légume reste ferme.
Egoutter soigneusement et disposer dans un plat à gratin. Assaisonner de sel, poivre et algues.
A l'aide d'une cuillère, faire de petits creux dans le légume râpé, suffisamment grands pour que vous puissiez y casser un œuf.
Saupoudrer de fromage. Passer au four le temps nécessaire pour que les œufs soient «pris» et le fromage fondu.
Au moment de servir, parsemer de persil ou de ciboulette.

Endives au jambon

Par personne:
1 à 2 endives
1 à 2 tranches de jambon
1,5 dl de sauce béchamel (p. 166) très légère
30 g de fromage râpé

Cuire les endives (70 à 75°) et les disposer dans un plat à gratin. Dégraisser le jambon, le hacher et en parsemer le légume. Recouvrir le tout de sauce béchamel, saupoudrer de fromage et garder au chaud dans le four (100°) pendant 15 à 20 minutes.
Préparé sans jambon, ce mets est tout aussi savoureux.

Epinards en branches

1 kg d'épinards frais ou
1 paquet d'épinards surgelés
sauce béchamel légère (p. 166) mais bien relevée
50 g de fromage râpé

Blanchir les épinards et les égoutter soigneusement. Mélanger avec la sauce béchamel, mettre dans un plat à gratin et saupoudrer de fromage. Passer au four (100°) pendant 15 minutes.

● prenez du fromage ¼ gras; s'il le faut, diminuer la quantité.

Fenouils

1 fenouil par personne
1 carotte coupée en très petits dés
1 oignon émincé
1 dl de bouillon
30 g de fromage râpé

Cuire les fenouils (70 à 75°) pendant environ 30 minutes, selon leur grosseur, et les couper en deux. Disposer dans un plat à gratin et ajouter les carottes, l'oignon et le bouillon. Saupoudrer de fromage râpé et garder au four (100°) pendant 15 minutes.

● prenez du fromage ¼ gras.

Garniture d'oignons

12 petits oignons ou échalotes
1 verre de vin blanc sec
sel marin
1 c. à soupe de crème maigre
1 c. à soupe de persil haché
1 pincée de thym sec

Cuire les oignons entiers dans le vin additionné de sel. Lorsqu'ils sont tendres, les égoutter et les hacher finement. Mélanger avec la crème, le persil et le thym. Garder au chaud, sans nouvelle cuisson à cause du persil.

● remplacer la crème par du lait

Garniture pour pommes de terre vapeur

1 oignon moyen haché fin
1 grosse poignée d'herbes aromatiques fraîches hachées
1 c. à soupe de vin blanc sec
facultatif: 1 gousse d'ail hachée fin

Mélanger l'oignon, les herbes aromatiques et éventuellement l'ail (si vous en aimez le goût). En parsemer les pommes de terre et arroser de vin.
Le vin doit être cuit au préalable s'il y a des enfants parmi les convives.

Gratin de fenouil ●

Quelques pommes de fenouil
1 ou 2 oignons
1 feuille de laurier
1 clou de girofle
2 ou trois fines tranches de fromage ¼ gras
fines herbes fraîches hachées
quelques gouttes de lait écrémé

Lavez et nettoyez les pommes de fenouil et, si vous n'êtes pas pressée, cuisez-les entières, de même que les oignons, pour conserver leurs vitamines et leurs sels minéraux. Si vous n'avez pas le temps, coupez-les en lamelles de 1 cm, pour écourter le temps de cuisson. Faites-les ensuite blanchir dans une casserole qui permet la cuisson sans eau, ou cuisez-les à l'étouffée, avec l'oignon, le laurier et le clou de girofle.
Si vous les avez cuits entiers, coupez les fenouils et les oignons en lamelles. Disposez-les dans un plat à gratin et répartissez quelques fines tranches de fromage 1/4 gras à la surface. Ajoutez le lait et cuisez au four, pendant 15 à 20 minutes, à chaleur moyenne. Au moment de servir, parsemez le gratin avec le hachis de fines herbes.

Variante: Vous pouvez appliquer la même recette pour du céleri en branches et des côtes de bettes.

Gratin de riz et de légumes

voir p. 126

Haricots verts aux champignons

1 kg de haricots
150 g de champignons de Paris frais émincés
1 c. à soupe de vin blanc sec
sel marin
1 oignon émincé
aromates en poudre
1 dl de crème maigre ou 5 g de beurre
persil haché

Interrompre la cuisson des haricots 5 minutes avant la fin. Cuire les champignons avec le vin, 1 c. à soupe d'eau, l'oignon, les aromates et le sel, puis les égoutter.
Ajouter aux haricots, avec la crème, et laisser cuire encore 5 minutes.
Au moment de servir, parsemer de persil.

● supprimez la crème et remplacez-la par du lait. Idem avec le choux blanc aux champignons.

Oignons farcis

Préparer les oignons comme les pommes de terre farcies (p. 164).

Piments farcis

Choisir des piments doux et les préparer comme les pommes de terre farcies (p. 164).

Potée à la courge (potiron)

Voir p. 171.

Potiron (ou courge) ●

1,5 kg de potiron épépiné
4 c. à soupe de riz fraîchement moulu et trempé
30 g de fromage maigre râpé
muscade

Cuire le potiron pendant 10 minutes (70 à 75°) et le passer au presse-purée. Lier avec le riz et ajouter le fromage et la muscade au moment de servir.
Ce plat, servi avec une bonne salade et une tranche de foie, constitue un menu délicieux.

● Pour relever le goût, ajoutez des algues marines et un peu de sauce de soya ou de Cénovis.
Comme accompagnement: coulis de tomates, champignons en légumes, plat de céréales, haricots blancs secs ou soya rouge.

Potiron (ou courge) et carottes

500 g de potiron coupé en tranches fines
200 à 250 g de carottes coupées en rondelles
1 c. à soupe d'huile de chardon
1 oignon haché
1 pincée d'algues marines sèches et émiettées
sel marin
tomari [1]

[1] En vente dans les commerces de produits diététiques.

2 à 3 c. à soupe de crème maigre
herbes aromatiques fraîches
hachées

Faire revenir l'oignon dans l'huile, sans le brunir.
Ajouter les légumes et braiser à feu doux, dans un récipient bien fermé, jusqu'à ce qu'ils soient fondants.
Remuer de temps en temps. Au moment de servir, incorporer l'assaisonnement et la crème et parsemer d'herbes aromatiques.

Purée de légumes ●

150 g d'une céréale de votre choix
bouillon préparé avec 1 cube
carottes
céleri
1 à 2 pommes de terre
herbes aromatiques fraîches
hachées
facultatif: lait
blé germé haché

Moudre la céréale et la cuire 10 minutes dans le bouillon (la quantité de liquide doit permettre d'obtenir une soupe épaisse).
Cuire les carottes, le céleri et les pommes de terre, les passer au presse-purée et les mélanger à la céréale. Si la préparation est trop épaisse, ajouter éventuellement un peu de lait. Parsemer d'herbes aromatiques.
On peut également incorporer du blé germé aux légumes, juste avant de servir.
Il va sans dire que cette purée peut être préparée avec d'autres légumes: endives, fenouils, épinards, champignons, etc. Servie avec une salade, elle accompagne très bien une tranche de viande.

Tomates au four

1 à 2 tomates évidées par personne
1 à 2 œufs
un peu de lait
50 g de fromage maigre râpé
herbes aromatiques fraîches
hachées
facultatif: bouillon

Battre le lait avec les œufs et le fromage.
Remplir les tomates et les disposer dans un plat à gratin. Verser le surplus du mélange au fond du plat, à moins que vous ne préfériez y mettre un peu de bouillon.
Garder au chaud dans le four (100°) jusqu'à ce que les œufs soient «pris» (comme des œufs brouillés). Parsemer d'herbes aromatiques.

Tomates farcies

6 à 8 tomates évidées
150 g d'une céréale rôtie fraîchement moulue
herbes aromatiques fraîches hachées
1 œuf
3 à 4 c. à soupe de crème maigre
sel marin
aromates en poudre
30 g de fromage râpé
facultatif: 1 pincée de cumin
un peu de bouillon

Mélanger tous les ingrédients, sauf le fromage.
Laisser reposer 1 heure et remplir les tomates. Disposer celles-ci dans un plat à gratin, les saupoudrer de fromage et passer au four (100°) pendant 10 à 15 minutes.
Pour éviter que les tomates n'attachent, verser un peu de bouillon ou de crème au fond du plat.

Tomates sur lit d'oignons

1 grosse tomate par personne, coupée en deux dans le sens de la largeur
oignons ou échalotes hachés
sel marin
persil haché
ciboulette coupée
3 à 4 c. à soupe de crème maigre

Faire suer légèrement, sans corps gras, une quantité suffisante d'oignons ou d'échalotes pour recouvrir le fond de la poêle. Ajouter les tomates (côté coupé dessous), couvrir et cuire 5 minutes à feu doux. Retourner les tomates et poursuivre la cuisson encore 3 minutes. Saler, parsemer de fines herbes et arroser de crème. Garder au chaud un moment et servir dans la poêle.

- Remplacez la crème par du lait battu au mixer avec du fromage blanc maigre ou du «Ma Brise Fraîche».

Tomates surprise

Par personne:
1 grosse tomate évidée
1 œuf
herbes aromatiques fraîches hachées
ou estragon haché
2 à 3 c. à soupe de bouillon ou
de jus de viande dégraissé

Disposer les tomates dans un plat à gratin et casser un œuf dans chacune d'elles. Verser le bouillon (ou jus de viande) au fond du plat et passer au four (100°) jusqu'à ce que l'œuf soit cuit. Au moment de servir, parsemer d'estragon ou d'herbes aromatiques.

POMMES DE TERRE

Gnocchis de pommes de terre ●

6 à 7 pommes de terre cuites en robe des champs
3 c. à soupe de fromage blanc maigre
1 pincée de sel
1 jaune d'œuf
2 c. à soupe de farine de riz fraîchement moulue
1 gousse d'ail haché (ou aneth, cumin, oignon, etc.)
fromage râpé 1/4 gras

Râpez les pommes de terre et ajoutez-y tous les ingrédients, sauf le fromage râpé. Passez le tout au mixer: vous devez obtenir une pâte lisse et homogène, ne collant (presque) pas aux doigts.

Formez les gnocchis à l'aide d'une cuillère et pochez-les dans de l'eau bouillante salée. Laissez-les cuire pendant 1 à 2 minutes à partir du moment où ils sont remontés à la surface de l'eau. Disposez-les ensuite dans un plat à gratin et saupoudrez de fromage râpé. Tenez-les au chaud dans le four jusqu'au moment de passer à table.

Accompagnez vos gnocchis d'une salade, d'un coulis de tomates fraîches de champignons en légumes, d'une sauce blanche bien persillée ou d'épinards en purée.

Variante: Cette recette peut être utilisée pour un reste de potiron en purée, si vous veillez à bien faire dégorger la purée avant de la préparer.

Gratin de pommes de terre ●

1 reste de pommes de terre
champignons en légumes
ou coulis de tomates
1 pincée de sel
Tilsit 1/4 gras

Ce plat peut se préparer avec un reste de pommes de terre (cuites en robe des champs).Pelez-les, coupez-les en rondelles de 1 à 1,5 cm d'épaisseur, dans le sens de la longueur.

Préparez des champignons en légume (voir p.152)ou un coulis de tomates (p. 153). Disposez ces champignons (ou ce coulis dans un plat allant au four. Posez les rondelles de pommes de terre par-dessus, couvrez-les d'une fine tranche de tilsit et mettez votre plat au four. Servez lorsque le fromage est fondu et doré, sans oublier de parsemer le gratin de ciboulette ou de cerfeuil ciselé.

Pommes de terre au cumin

2 pommes de terre par personne,
non pelées et bien lavées
cumin ou aneth
un peu d'huile de chardon

Choisir si possible des pommes de terre de forme allongée. Les couper en deux dans le sens de la longueur.
A l'aide d'un pinceau, huiler très légèrement le côté coupé et le déposer sur la grille du four chauffé à 175°. Piquer le dessus des pommes de terre avec une fourchette.
Un peu avant la fin de la cuisson – dont le temps varie suivant l'espèce – retourner les pommes de terre, les parsemer de cumin ou d'aneth.
Si nécessaire, baisser la température du four.

● à faire sans huile.

Pommes de terre farcies I

Par personne:

1 pomme de terre non pelée et bien lavée (2 pour les gros appétits)
fromage blanc maigre ou fromage
¼ gras
1 œuf
1 c. à soupe de sésame moulu
herbes aromatiques fraîches
hachées
un peu d'extrait vitaminé à base de levure de bière (Cénovis)
ou un peu de sauce de soya
facultatif: cumin
1 tranche de jambon dégraissée ou un reste de viande haché

Cuire les pommes de terre entières (175°) sur la grille du four (si l'on est pressé, les cuire dans une casserole à 70-75°). Les laisser refroidir un peu et les creuser délicatement pour ne pas les défaire. Mélanger ce que vous avez prélevé de la pomme de terre – ou tout au moins une partie – avec le reste des ingrédients. Farcir les pommes de terre, les déposer dans un plat supportant la chaleur et les remettre dans le four (100°) jusqu'à ce qu'elles soient chaudes.

Servir ce plat avec une salade copieusement arrosée de sauce. Les piments et les oignons peuvent être apprêtés de la même manière. Ils s'accommodent particulièrement bien d'une farce additionnée de viande hachée.

Pommes de terre farcies II

Pommes de terre (assez grosses)
fromage blanc maigre
ail
sel
aneth
fromage râpé ¼ gras
noix
fines herbes

Brossez et lavez les pommes de terre, puis cuisez-les avec la peau. Après la cuisson, coupez les pommes de terre en deux dans le sens de la longueur et évidez-les. Réduisez la pulpe en purée, assaisonnez-la avec les ingrédients mentionnés ci-dessus et remplissez les demi-pommes de terre de cette farce.

Recouvrez-les d'un peu de fromage râpé et faites gratiner au four. Servez avec une bonne salade.

● employer du fromage 1/4 gras.

Pommes de terre au four ●

300 à 400 g. de pommes de terre
(pour deux personnes)
thym déshydraté
sel

Epluchez les pommes de terre et coupez-les en rondelles de 1 cm d'épaisseur. Etalez-les, sans les superposer, sur une plaque allant au four. Salez et parsemez de brins de thym. Vous pouvez huiler TRÈS légèrement votre plaque. Lorsque les pommes de terre sont bien rôties d'un côté, retournez-les avec une spatule.
Laissez cuire à four vif pendant environ 30 minutes.

Pommes de terre frites

1 à 1,5 kg de pommes de terre coupées et essuyées
3 c. à soupe d'huile de chardon
sel marin

Pour les jours de gala, nous vous proposons une recette de frites nettement moins lourde et indigeste que la recette courante. Un conseil pourtant: n'en abusez pas! Ce plat doit être réservé aux grandes occasions.
Etaler les pommes de terre sur la grande plaque du four et les arroser d'huile. Bien remuer pour que l'huile soit répartie de manière égale. Glisser au four préalablement chauffé à 175°. Pour qu'elles n'attachent pas, remuer souvent les pommes de terre au cours de la cuisson, qui est assez longue. Au dernier moment, placer éventuellement la plaque sur la rainure supérieure du four pour que les frites soient bien rôties. Eponger le surplus d'huile avant de servir.

SAUCES

Sauce à salade I, voir p. 140.

Sauce à salade II, voir p. 140.

Sauce béchamel

1,5 dl de lait coupé avec 20% d'eau
sel marin
aromates en poudre
1 c. à soupe de riz moulu passé à la passoire
1 c. à café de farine mi-blanche

Cuire le lait avec le sel et les aromates. Lorsqu'il est bien chaud, ajouter la liaison faite avec le riz et la farine. Laisser épaissir 2 minutes.
La sauce béchamel additionnée d'un peu de moutarde et d'une pincée d'algues marines sèches et émiettées a très bon goût.

● liaison à la farine de riz seulement.

Sauce yoghourt au citron ●
Voir chapitre XI, page 98.

VIANDES ET POISSONS

Bouilli

Suffisamment d'eau pour obtenir au minimum 1 litre de bouillon
1 pied de veau
os (éventuellement 1 os à mœlle)
1 bon verre de vin blanc sec
200 g de bœuf (aiguillette, par exemple)
200 g d'épaule de veau
200 g d'épaule d'agneau
1 céleri
4 à 5 carottes
2 à 3 poireaux
3 dl de bière
1 à 2 oignons
200 g de champignons de Paris
sel marin

Mettre le pied de veau, les os et le vin dans l'eau froide, porter à ébullition et cuire à feu doux, à couvert, pendant 2 heures. Dégraisser ce bouillon une fois refroidi.
Rôtir les viandes sans ou avec très peu de corps gras.
Couvrir et laisser suer environ 10 minutes, ajouter le céleri, les carottes, les poireaux, la bière et l'oignon et cuire encore pendant ½ heure.
Verser le bouillon dessus et poursuivre la cuisson jusqu'à ce que les viandes soient tendres.
Assaisonner le tout au moment de servir.
Entre-temps, étuver les champignons dans un peu de bouillon, saler et garder au chaud.
Présenter les viandes coupées en tranches, entourées des légumes et des champignons.
Ce plat peut être garni de riz complet ou de millet cuits dans le bouillon. Ce dernier est excellent servi avec ou sans porto.

Filets de poisson

100 g de filets de poisson par personne
½ dl de crème maigre
sel marin

Déposer les filets dans un plat à gratin, les arroser de crème et saler. Cuire à four chaud pendant environ 10 minutes.

Jarrets de veau

1 jarret de veau par personne
1 gros oignon haché
1 grand verre de vin blanc sec
2 à 3 tomates concassées
1 c. à moka de graines de moutarde moulues
sel marin
herbes aromatiques fraîches
hachées
facultatif: 1 c. à soupe de crème maigre

Rôtir les jarrets à la poêle, puis ajouter l'oignon, le vin, les tomates, la moutarde et saler. Cuire à couvert pendant 30 minutes, à feu doux. Au moment de servir, passer le jus auquel vous ajoutez les herbes aromatiques. Rectifier l'assaisonnement et incorporer éventuellement de la crème pour le rendre plus onctueux.
Le lapin et les ragoûts peuvent être apprêtés de la même manière.

Langue de bœuf

1 langue de bœuf bien fraîche
1 verre de vin blanc sec
1 oignon
1 feuille de laurier
2 clous de girofle
2 à 3 carottes
½ céleri
sel marin
2 pommes de terre par personne
100 g de champignons de Paris, persil haché

Après avoir fait dégorger la langue à l'eau froide pendant la nuit, la cuire entière dans 2 litres d'eau (70 à 75°), avec le vin, l'oignon, le laurier, les clous de girofle, les carottes, le céleri et le sel marin, jusqu'à ce qu'elle soit tendre (minimum 4 heures).
Cuire séparément les champignons et les pommes de terre.
Passer le bouillon, le dégraisser et ajouter la moitié du persil haché avant de le servir.
Peler la langue, la couper en fines tranches et la dresser sur un plat, entourée des pommes de terre parsemées du reste de persil, des champignons, des carottes coupées en deux et du céleri coupé en tranches.
Présenter avec une bonne salade.
Le poulet peut être apprêté de la même manière, ainsi que le poisson, dont le temps de cuisson varie entre 5 et 15 minutes selon l'espèce.

Osso bucco
(à préparer la veille au soir)

1 jarret de veau de 150 g à 180 g par personne
2 à 3 oignons émincés
tomates coupées en gros morceaux (même poids que la totalité de la viande)
1 à 2 gousses d'ail hachées
250 g de riz (ou d'orge) complet
un peu de bouillon
1 bonne pincée d'algues marines sèches et émiettées
poivre

Rôtir la viande et la réserver sur un plat chaud. Etuver les oignons dans le même récipient, y remettre la viande et ajouter les tomates et l'ail. Couvrir et laisser mijoter jusqu'à ce que les jarrets soient tendres. Les assaisonner encore chauds avec la pincée d'algues et le poivre.
Par ailleurs, cuire le riz (ou l'orge) dans un peu de bouillon, en veillant à ce qu'il reste croquant. Le mettre avec la viande et couvrir la casserole.

Le lendemain, il ne restera plus qu'à réchauffer ce plat. Le riz aura absorbé le jus rendu par les tomates et sera à point.

Poitrine de veau farcie

0,9 à 1 kg de poitrine de veau
1 oignon haché
1 dl de vin blanc sec
2 à 3 carottes
herbes aromatiques fraîches hachées
facultatif: céleri haché
1 c. à moka de graines de moutarde moulues

Farce: 1 œuf dur haché
1 oignon haché
1 morceau de bœuf maigre haché
1 morceau de porc maigre haché
1 poignée de mie de pain trempée et essorée
persil haché
thym sec
romarin sec
marjolaine sèche
sel marin

Mélanger intimement tous les ingrédients de la farce.
Faire une poche dans la poitrine de veau et la remplir de cette farce.
Coudre l'ouverture ou bien ficeler.
Rôtir la pièce de viande à la poêle, mouiller avec le vin, ajouter l'oignon et les carottes, éventuellement le céleri et les graines de moutarde, et cuire à couvert pendant 1 heure, à feu doux.
Au moment de servir, passer le jus auquel vous ajoutez les herbes aromatiques.

Poisson pané

Voir p. 124, sous «Courgettes en tranches».

Poisson Margrit

400 g de filets de poisson
1 à 1,5 dl de lait
1 cube de bouillon
1 oignon ou quelques échalotes hachés
1 c. à café de graisse végétale (diététique)
sel marin
aromates en poudre
le jus de ½ citron
ciboulette coupée

Délayer le cube de bouillon dans le lait tiède et ajouter l'oignon (ou les échalotes) que vous aurez préalablement fait revenir dans la graisse. Verser le tout sur les filets disposés dans un plat à gratin. Saler et saupoudrer d'aromates. Passer à four chaud pendant 15 minutes. Au moment de servir, arroser de jus de citron et parsemer de ciboulette.

● supprimer le corps gras.

Potée à la courge (potiron)

1 kg de bœuf coupé en gros dés
1 poivron épépiné et grossièrement haché
2 oignons grossièrement hachés
1 gousse d'ail grossièrement hachée
1 litre de bouillon de bœuf (voir sous «Bouilli», p. 167)
3 tomates coupées en morceaux
marjolaine
laurier
tomari[1]
250 g de petites courgettes coupées en tronçons
500 g de pommes de terre coupées en morceaux
3 épis de maïs coupés en tronçons
1 petite courge
huile de chardon
facultatif: muscade

[1] En vente dans les commerces de produits diététiques.

Bien dorer les morceaux de viande à la poêle, sans corps gras, et les mettre de côté. Toujours à la poêle et en les remuant souvent, faire revenir doucement le poivron, les oignons et l'ail pendant 5 minutes. Verser le bouillon dessus, porter à ébullition et ajouter les tomates, la viande, la marjolaine, le laurier et un peu de tomari. Poursuivre la cuisson à feu doux pendant 15 minutes, à couvert. Ajouter ensuite les courgettes, les pommes de terre et le maïs et les laisser cuire jusqu'à ce qu'ils soient tendres.
Pendant la cuisson de cette potée, bien brosser la courge sous l'eau courante froide. Découper un couvercle, retirer pépins et fibres et enduire l'intérieur et le couvercle d'un peu d'huile. Poser le couvercle sur la courge et passer à four chaud (200°) pendant 45 minutes (la pulpe doit être tendre, mais l'écorce rester ferme). Retirer le légume du four, remplir du contenu de la poêle, le garnir de son couvercle et l'enfourner de nouveau pour 15 minutes. Rectifier l'assaisonnement et présenter à table comme une soupière. Servir la potée en vous arrangeant pour râcler un peu de pulpe avec la louche. Une pincée de muscade confère à ce plat une touche délicate.

Rognons de bœuf (ou de veau)

Par personne:
100 g de rognons de bœuf dégraissés et émincés
garniture d'oignons (voir p. 156)
1 c. à café d'huile de chardon
persil haché
facultatif: le jus de ½ citron

Bouillir les rognons pendant 1 minute. Bien les égoutter et les rôtir à la poêle 3 minutes au maximum (sans quoi ils durcissent). Les déposer dans un plat chaud, les arroser éventuellement de jus de citron et les recouvrir de la garniture d'oignons. Parsemer de persil haché.

COCKTAILS

Cocktail de crevettes ●

4-5 quartiers de pomelo
60-70 g de crevettes
1 yoghourt nature
1 cuil. à soupe de fromage blanc
(«Ma Brise Fraîche» par ex.)
ciboulette
un peu de poivre
quelques feuilles de laitue
ou de salade
coriandre (à volonté)
1 cuil. de sauce à salade

Pelez le pomelo. Enlevez soigneusement la pelure des quartiers et coupez-les en petits dés.
Préparez la sauce de votre cocktail avec le yoghourt, le fromage blanc, la sauce à salade, le coriandre, le poivre et beaucoup de ciboulette. Si votre sauce vous paraît trop claire, vous pouvez ajouter un peu de farine de riz pour l'amener à la consistance voulue. Ajoutez, pour terminer, les crevettes et les dés de pomelo, et mélangez avec délicatesse.
Servez dans des coupes, sur un lit de feuilles vertes. Décorez avec 1-2 tranches de tomates ou de radis et un brin de persil. Servir frais.

Variante: Vous pouvez remplacer le pomelo par du pamplemousse.

Cocktail de volaille (voir p. 95) ●

Cocktail de yoghourt (voir p. 142 et 143) ●

METS AU FROMAGE

Rissoles au fromage

Un reste de pâte à tarte
fromage 1/4 gras
amandes

Abaisser la pâte à 2 ou 3 mm d'épaisseur et découper des rondelles à l'emporte-pièce (un verre fait très bien l'affaire). La moitié de celles-ci doit être plus grande que l'autre. Il faut une «petite» et une «grande rondelle» par rissole et on compte 2 à 3 rissoles par personne. Déposer un morceau de fromage et 2 amandes sur la «petite» rondelle. Placer la rondelle plus grande dessus. Mouiller les bords de la pâte avec de l'eau (au pinceau par exemple) et coller soigneusement. Mettre les rissoles sur une plaque et cuire à four chaud pendant 15 minutes.

Tranches au fromage

Grosses pommes de terre en robe des champs (cuites à la vapeur)
fromage 1/4 gras coupé en lamelles
facultatif: cumin
ail pilé
tranches de tomates
un peu de moutarde

Peler les pommes de terre, les couper en tranches d'un bon centimètre d'épaisseur que vous garnissez de fromage. Pour éviter que le fromage ne coule à la cuisson, ses lamelles ne doivent pas recouvrir toute la surface des tranches de pommes de terre. Poser celles-ci sur une plaque à tarte que vous glissez dans le four préalablement chauffé à 175°. Compter 10 minutes de cuisson.
Si vous le désirez, garnir de tranches de tomates, de cumin, d'ail pilé et de moutarde.
Lorsque l'on utilise un reste pour confectionner ce plat, il vaut mieux que les pommes de terre aient été cuites à la vapeur *avec leur pelure*. Cela leur garantit un goût intact.

DESSERTS ET FRUITS CRUS

Bananes au four ●

Epluchez les bananes et coupez les, soit en rondelles, soit en deux dans le sens de la longueur. Etalez-les dans un plat à gratin, nappez d'un coulis de fruits parfumé au citron, recouvrez le plat d'une feuille d'aluminium et mettez au four. Laissez cuire pendant 20 minutes et servez chaud.

Châtaignes sèches et pommes

150 g de châtaignes sèches trempées pendant 12 heures
1 à 2 verres de jus de pomme
1 c. à café de kouzou[1]
1 poignée de raisins secs
1 bâton de vanille
purée de pommes (voir recette de « Compote de fruits », p. 176)
noix, noisettes, pignes, fruits secs, etc.

Battre énergiquement le kouzou dans le jus de pomme pour bien le délayer.

Ajouter les raisins, le bâton de vanille et les châtaignes et cuire longtemps à feu doux.

Enlever le bâton de vanille et passer au presse-purée.

Mélanger cette purée de châtaignes à la purée de pommes et décorer avec des noix, noisettes, pignes, fruits secs, etc.

Ce dessert est très nourrissant.

[1] En vente dans les commerces de produits diététiques.

Cocktail de céréales ●

Pour 4 verres:
1 ½ yogourt
1 dl de lait
miel à volonté
1 banane (ou autre fruit)
1 jus de citron
1 c. à soupe de noisettes concassées
1 c. à soupe d'une céréale moulue très fin
facultatif: cubes de glace

Mélanger tous les ingrédients en les incorporant dans l'ordre indiqué ci-dessus.

La quantité de liquide peut être augmentée ou diminuée, selon que l'on souhaite obtenir une boisson plus ou moins épaisse.

Compote de fruits ●

Fruits de votre choix
1 à 2 dl de jus de pommes ou de poires
kouzou [1]
raisins secs
facultatif: sucre de fruits ou miel

Emietter quelques morceaux de kouzou dans le jus de pommes ou de poires et ajouter quelques raisins secs. Chauffer en remuant vivement au fouet. A ce moment-là seulement, ajouter les fruits et les cuire quelques minutes.

Eviter autant que possible de sucrer les compotes sauf, peut-être, quand elles sont faites avec des fruits très acides (groseilles rouges/raisinets) ou de la rhubarbe. Dans ces cas, n'ajouter le miel ou le sucre de fruits qu'*après* la cuisson.

[1] En vente dans les commerces de produits diététiques.

Compote de rhubarbe ●

500 g de rhubarbe
miel ou sucre de fruits
1 jus d'orange

Cuire la rhubarbe comme vous avez l'habitude de le faire, mais *sans sucre*. La cuisson terminée, incorporer le miel ou le sucre. Au moment de servir, ajouter le jus d'orange et battre.

Corn-flakes maison ●

1 céréale complète, à choix (sauf blé ou seigle)
graines oléagineuses
raisins secs
sucre de fruits
autres fruits secs hachés
facultatif: cannelle
gingembre

Moudre grossièrement la céréale et éliminer sa farine à travers une passoire. Verser le contenu de la passoire dans une grande jatte et ajouter les graines oléagineuses, les raisins secs, le sucre, d'autres fruits secs à volonté et éventuellement un peu de cannelle ou de gingembre. Servir avec un pot de lait frais, dont chaque convive arrosera sa part de céréale. Ce mets est délicieux et meilleur que les corn-flakes traditionnels.
Quant à la farine récoltée après la mouture, vous l'utiliserez pour la crème Budwig, pour un potage ou une liaison.

Coulis de framboises ●

Battez au mixer des framboises avec une cuillère de miel (fruits frais ou congelés). Si vous êtes sensible aux petits grains, passez votre coulis à la passoire. Servez frais mais non glacé.

Variante: avec fraises, mûres, myrtilles, raisins rouges, groseilles, cassis ou tout autre fruit.

Dessert aux bananes

2 à 3 bananes
125 g de fromage blanc maigre
noisettes
graines de sésame moulues
8 biscottes ou fonds de tarte
miel

Réserver quelques rondelles de banane et des noisettes entières. Ecraser le reste de la banane et moudre les noisettes. Mélanger au fromage blanc maigre avec les graines de sésame et le miel. Garnir les biscottes ou les fonds de tarte et décorer avec les rondelles de banane et les noisettes entières.

Dessert aux céréales ●

200 g de millet moulu très fin
lait
1 pointe de couteau de sel marin
sucre de fruits ou miel

Cuire le millet comme de la semoule, mais pas plus de 30 à 50 secondes, dans 50% de lait et 50% d'eau salés. Lorsque la préparation est encore tiède, incorporer le sucre ou le miel. Servir avec une compote de fruits cuits, de fruits crus ou du sirop.

Dessert aux fruits ●

2 yogourts
300 g de fruits de saison (entiers ou en morceaux)
1 poignée d'amandes moulues
miel

Battre les yogourts avec les fruits.
Ajouter les amandes et le miel et remplir des coupes.
Décorer avec quelques fruits et tenir au frais avant de servir.
Si le dessert est préparé avec des bananes, ajouter encore un jus de citron.

Dessert Isabelle ●

Pour 2 personnes:
1 banane
2 oranges
cerneaux de noix

Presser les oranges et battre leur jus – et éventuellement leur pulpe – avec la banane. Lorsque le mélange est bien mousseux (utiliser un batteur électrique si vous en avez un), laisser reposer au frais pendant 1 à 2 heures.
Servir dans de jolis verres et décorer avec un cerneau de noix.
Ce dessert constitue aussi une entrée délicieuse.

Frappé aux abricots secs ●

150 g d'abricots secs
miel ou sucre de fruits
1 yogourt parfumé à la vanille ou fromage blanc maigre

Tremper les abricots, puis les cuire dans un peu d'eau.
Une fois refroidis, les passer au mixer avec le miel (ou le sucre) et le yogourt (ou le fromage).
Garder aux frais dans le réfrigérateur au moins ¼ d'heure avant de servir.

Frappé au seré (fromage blanc maigre) ●

Procédez comme pour le coulis de framboises mais ajoutez à vos fruits (éventuellement après les avoir passé à la passoire) 2 à 3 cuillères à soupe de fromage blanc maigre (seré) ainsi que 1 ou 2 cuillères à café de céréales fraîchement moulues.

Facultatif: selon le menu de la journée, vous pouvez ajouter un jaune d'œuf cru à votre frappé.

Servez frais mais non glacé.

Variante: Utilisez le fromage blanc «Ma Brise Fraîche».

Variante: Vous pouvez remplacer le pomelo par du pamplemousse.

Galettes de céréales aux fruits

250 g d'une céréale rôtie, puis moulue
1 pincée de sel marin
le jus de ½ citron
sucre de fruits
1 c. à soupe d'huile de chardon
fruits à volonté: poires, prunes, pêches, pommes, etc.
50 g d'amandes moulues
facultatif: un peu de kirsch

Mélanger la céréale, le sel, le citron (ou le kirsch) et le sucre dans la quantité d'eau adéquate pour obtenir une pâte épaisse. Incorporer l'huile en cours d'opération et travailler longuement la préparation à la spatule, jusqu'à ce qu'elle se détache du récipient.
Laisser reposer 1 ou 2 heures. Abaisser la pâte à ½ cm d'épaisseur et la faire cuire sans corps gras à la poêle. Si votre poêle est trop petite, procéder en deux temps ou avec 2 poêles.
Retourner la galette, la recouvrir de fruits coupés en rondelles et poursuivre la cuisson, à couvert, pendant 10 minutes environ (moins, suivant les fruits). Au moment de servir, saupoudrer d'amandes.

● supprimer le kirsch et le corps gras.

Galettes de céréales (sucrées)

250 g d'une céréale moulue: riz, blé, orge, sarrasin, seigle ou avoine
1 œuf
1 pointe de couteau de sel marin
1 c. à soupe de sucre de fruits
noix, noisettes ou amandes hachées
miel

Procéder comme pour la confection des galettes salées (p. 33).
N'ajouter toutefois le sucre qu'une fois le mélange céréale/autres ingrédients terminé.
Si la préparation est présentée sous forme de crêpes, celles-ci peuvent être fourrées de miel et de graines hachées.

● remplacer l'œuf par du fromage blanc maigre.

Glace aux fraises ●

350 g de fraises bien mûres écrasées
50 g de sucre de fruits
1 c. à soupe de miel
1 dl de crème maigre ou de yogourt

Mélanger le sucre et le miel avec les fraises soigneusement écrasées (à la fourchette) et battre énergiquement.
Ajouter la crème ou le yogourt à ce mélange et fouetter de nouveau (utiliser un batteur électrique si vous en avez un).
Verser la préparation dans un tiroir à glace, ou un moule, et placer 3 à 4 heures dans le congélateur de votre armoire frigorifique.
Les framboises, les myrtilles, les pêches (pelées), les abricots (pelés), etc. peuvent être apprêtés de la même manière.

Melon au sorbet ●

Prenez des petits melons bien mûrs. Coupez-les en deux et ôtez les graines. A leur place, ajoutez une boule de sorbet maison (citron, fraise ou framboise). Arrosez avec un peu de jus de pomme ou de raisin, mousseux, ou d'un coulis de fruits. Servez immédiatement!

Mousse de fromage blanc ●

100 g de fromage blanc maigre
50 g de fromage «Ma Brise Fraîche»
sucre de fruits ou miel à volonté
2 jaunes d'œufs crus
fruits frais (framboises, fraises ou autres baies)
1 c. à dessert de farine de riz ou d'orge très finement moulue

Battez les fromages et le sucre au fouet électrique, assez longtemps pour que la mousse augmente considérablement de volume et devienne légère (minimum 3 à 4 minutes). Ajoutez ensuite les jaunes d'œuf et la farine et fouettez à nouveau. Placez la mousse au réfrigérateur pendant 1 ou 2 heures. Au moment de servir, décorez-la joliment de fruits rouges ou de baies.

Melon farci ●

1 melon
framboises et/ou autres baies
abricots, pêches coupés en dés
miel ou sucre de fruits

Couper un couvercle côté queue du melon, enlever les graines et sortir la pulpe. La débiter en carrelets que vous mélangez aux autres fruits avec le miel ou le sucre.
Remplir le melon et le garder au frais.
On peut varier la garniture de fruits à l'infini, suivant la saison.
Les pamplemousses et les ananas peuvent être apprêtés de la même manière.

Pamplemousses au four ●

½ pamplemousse par personne
sucre de fruit
coulis de framboise ou fraise

Préparez vos fruits de la même manière que lorsque vous les servez crus. Versez un peu de coulis de fruit sur la surface en le faisant pénétrer au maximum dans les pamplemousses. Saupoudrez la surface de sucre et mettez quelques minutes sous le gril de votre four. Si vous y êtes autorisé, à table, vous verserez un peu d'alcool sur vos fruits et vous flamberez avant de déguster.

Pâte à tartiner I ●

Pour 1 c. à café d'huile de tournesol crue:
2 c. à soupe de fromage blanc maigre
2 c. à soupe de miel
2 c. à soupe de graines fraîchement moulues

Battre en crème l'huile et le fromage jusqu'à ce que la masse devienne blanche. Ajouter le miel et les graines et bien mélanger pour obtenir une pâte homogène. Cette pâte à tartiner peut se conserver 1 à 2 jours dans le réfrigérateur.

Pâte à tartiner II ●

1 part de margarine (diététique)
1 part de fromage blanc maigre
1 part d'une céréale moulue
3 parts de miel
facultatif: noisettes ou amandes moulues

Mélanger tous les ingrédients à la fourchette, en les ajoutant un à un pour que la pâte devienne lisse et onctueuse.
Pour varier, le miel peut être remplacé par des herbes aromatiques fraîches hâchées, par un extrait végétal vitaminé liquide ou par du fromage râpé.
Essayer de supprimer peu à peu la margarine en compensant par du fromage blanc maigre.

● à faire sans margarine, mais en doublant la ration de fromage blanc maigre.

Pâte à tartiner III ●

3 parts de miel
1 part de noix râpées très finement
1 part de farine de riz
1 part de fromage blanc maigre

Mélangez intimement le miel et les noix. Ce mélange peut se tartiner tel quel et se conserver pendant plusieurs jours.
Si vous préférez une pâte plus consistante, vous pouvez ajouter au miel et aux noix de la farine de céréales et du fromage blanc, dans les proportions indiquées ci-dessus. Sous cette forme, la pâte à tartiner doit être consommée le jour même.

Autres pâtes à tartiner fantaisie ●

Ecrasez ½ banane. Ajoutez-y le jus de ½ citron et du miel et mélangez le tout avec du fromage blanc maigre.
Pour varier, vous pouvez préparer une pate à tartiner au goût tout à fait différent, en mélangeant du fromage blanc maigre, du céleri râpé très finement et des amandes moulues.

Pommes au four (ou poires) ●

1 pomme (ou 1 poire) par personne
quelques noisettes, noix ou amandes râpées
miel
jus de pomme, poire ou raisin

Lavez les pommes et, avec un vide-pommes, enlevez le zeste. Faites un trou assez généreux! Posez vos fruits dans un plat allant au four et remplissez le cœur avec les noisettes, noix ou amandes râpées et le miel. Versez le jus de fruit dans le fond du plat et laissez cuire à four chaud assez longtemps pour que vos fruits soient tendres, mais non évanouis. Le temps de cuisson varie selon l'espèce et la variété des fruits choisis.

Variante: Cuire les pommes enveloppées dans du papier d'aluminium et sous la cendre de votre cheminée.

Pommes fourrées

1 pomme par personne
miel
noix grossièrement moulues
½ verre d'eau
1 c. à café de vin blanc ou de kirsch
1 c. à café de sucre de fruits

Peler les pommes entières et les essuyer.
Creuser le centre du fruit et le garnir du mélange de miel et de noix.

Faire fondre le sucre dans l'eau additionnée de vin (ou de kirsch) et arroser les pommes disposées dans un plat à gratin.

Cuire à four chaud pendant 15 à 20 minutes, selon l'espèce de pomme.
Ce dessert peut également se préparer dans une casserole (70 à 75°).

● remplacer le vin et le kirsch par du jus de fruit.

Pommes au gratin ●

2 belles pommes à cuire par personne
des raisins secs
1 poignée d'amandes, noix ou noisettes râpées
de la cannelle ou du gingembre
de la farine de riz fraîchement moulue
du lait écrémé
du miel ou du sucre de fruit
une gousse de vanille

Faites cuire le lait avec la vanille et laissez reposer pendant la préparation du plat. Pelez les pommes, ôtez les zestes et coupez-les en tranches fines, comme pour une tarte.
Dans un plat à gratin, disposez une couche de tranches de pommes, puis quelques raisins secs, parsemez d'amandes râpées et de cannelle. Recommencez l'opération par couches jusqu'à épuisement des ingrédients, mais terminez par une couche de tranches de pommes. D'autre part, mélangez le lait parfumé à la vanille, le miel (ou le sucre de fruit), la farine de riz et versez-le sur les pommes. Le liquide ne doit pas recouvrir complètement les fruits. Préchauffez votre four, puis enfournez votre plat pendant environ 35 à 40 minutes. Le temps de cuisson varie selon la variété de pommes qui doivent être fondantes, et le liquide épaissi.

Variante: Essayez avec des poires, des pêches ou des abricots et adaptez le temps de cuisson à vos fruits.

Pommes râpées ●

Quelques pommes
1 jus de citron
noix, noisettes ou amandes râpées
miel
raisins secs
un peu de lait

Râpez la quantité de pommes désirée avec la pelure (mais sans le zeste). Arrosez aussitôt avec le jus de citron, afin d'éviter le brunissement des fruits. Choisissez des pommes bien mûres et douces.
Ajoutez alors à vos fruits quelques noix, noisettes ou amandes râpées, un peu de lait écrémé et cru (pour la consistance), une cuillère ou deux de miel et quelques raisins secs. A présenter sur assiette en jolis dômes décorés de moitiés de noix, de rondelles de kiwis ou d'un autre fruit.
Selon la richesse de votre menu, vous pouvez inclure un jaune d'œuf cru à vos fruits et les présenter avec un coulis de fruits, voire même avec un frappé aux fruits.

Variante: Remplacez les pommes par des poires.

Pouding aux céréales ●

8 c. à soupe enchâtelées d'une céréale rôtie, puis moulue: blé, millet, sarrasin ou riz
2 c. à soupe de raisins secs
1 à 2 c. à soupe de sucre de fruits
le jus de ½ citron
1 c. à soupe de miel
1 pincée de sel marin

Fouetter la céréale dans un peu d'eau.
Mettre sur le feu, ajouter le sel et la quantité d'eau adéquate pour obtenir une bouillie épaisse, qui ne doit pas cuire plus d'une minute.

Retirer la casserole du feu et remuer la masse jusqu'à ce qu'elle soit tiède. Incorporer alors le jus de citron et le miel et mélanger soigneusement.
Verser la préparation dans un grand moule ou de petits moules individuels, caramélisés ou non, et laisser refroidir.
Garnir avec une compote de fruits, des fruits secs ou des graines oléagineuses.
Le sarrasin et le millet peuvent être apprêtés de la même manière. Toutefois, le sarrasin demande davantage d'eau alors que le millet en demande moins.
Ce genre de bouillie peut servir de base à des préparations diverses que votre imagination ne manquera pas d'inventer.

Reste de purée de pommes

Reste de purée de pommes
1 jus d'orange
1 c. à soupe de céréale moulue
1 blanc d'œuf battu en neige
amandes concassées

Mélanger le jus d'orange et la céréale à la purée de pommes. Incorporer délicatement le blanc d'œuf et parsemer d'amandes. Garder au frais avant de servir.

Reste de semoule de millet ●

Un reste de semoule de millet
fromage blanc maigre (la quantité dépend de ce qui reste de millet)
fruits crus (éventuellement écrasés) ou amandes, noix, noisettes, graines de courge hachés

Battre le fromage blanc maigre avec les fruits ou les graines. Incorporer au reste de semoule de millet. Garder au frais avant de servir.

Salade de riz (voir p. 97) ●

Soufflé au riz (voir p. 98) ●

Sorbet aux fruits

a. Procédez de la même manière que pour le sorbet au jus d'agrumes, mais avec de la pulpe de fruit passée au mixer. Prenez des fruits bien mûrs et juteux. (Recette ci-dessous). Si vous utilisez des baies, passez la pulpe de fruit au tamis pour éliminer les petits grains. Ce sorbet est également délicieux avec des kiwis.

b. Pour obtenir un sorbet plus onctueux, vous pouvez remplacer l'eau par du yoghourt ou du fromage «Ma Brise Fraîche».

Sorbet au jus d'agrumes ●

A choix: *jus de citron, pamplemousse jaune, rose ou rouge, orange, mandarine.*

Pressez la quantité nécessaire de fruits pour obtenir 2 à 3 dl de jus. D'autre part, diluez du miel ou du sucre de fruit si vous êtes au régime non cru (plus ou moins selon l'acidité des fruits) avec 2 dl d'eau. Mélangez le tout et mettez dans la sorbetière. Suivez ensuite le mode d'emploi de l'appareil.
Si vous n'avez pas de sorbetière, mettez votre sorbet au congélateur ou dans le compartiment à glace de votre réfrigérateur et battez-le au fouet toutes les heures jusqu'à ce qu'il ait pris, pour éviter la formation de cristaux.

Yogourt (ou yaourt) ●

Lait cru entier (lait de ferme)
yogourt nature à base de ferments naturels

Bouillir le lait pendant 10 minutes ou le laisser «monter» au moins 3 fois. Lorsqu'il est tiède (36 à 40°), l'écrémer. Pour que vos yogourts soient bien réussis, ils doivent refroidir très lentement. C'est pourquoi les opérations suivantes doivent être faites, elles, très rapidement: ajouter 3 c. à soupe de yogourt à 1 litre de lait tiède (1 yogourt entier pour 1,5 à 2 litres de lait), battre énergiquement pour obtenir un mélange parfait et remplir aussitôt des gobelets ou petit pots *très propres*. Placer ceux-ci dans une casserole contenant 3 cm d'eau amenée à la même température que le lait. Couvrir le récipient *hermétiquement* (une marmite à vapeur convient très bien) et laisser refroidir pendant 5 à 6 heures.

Vous pouvez aussi placer vos yogourts dans un plat, contenant évidemment les 3 cm d'eau tempérée, que vous glissez dans le four dont la fermeture hermétique assurera un refroidissement lent et régulier.

Rien ne vous empêche de parfumer vos yogourts, en ajoutant par exemple un bâton de vanille à la cuisson du lait, ou du sirop, ou même – mais exceptionnellement – du chocolat!

Les yogourtières (yaourtières) vendues dans le commerce facilitent la confection des yogourts. De toute façon, ceux que vous ferez vous-même seront toujours les meilleurs.

BISCUITS

Bâtonnets au cumin

150 g d'une céréale rôtie, puis moulue
150 g de farine mi-blanche
200 g de fromage blanc maigre
30 g de graisse végétale (diététique)
2 œufs
1 pincée de sel marin
cumin

Battre le fromage avec la graisse, incorporer la farine, les céréales et le sel. Ajouter les œufs en réservant la moitié d'un jaune. Si la pâte est trop épaisse, ajouter un peu d'eau. Laisser reposer 1 à 2 heures. Abaisser la pâte à 2-3 mm d'épaisseur et découper des bâtonnets de 2 cm de large sur environ 7 cm de long. Badigeonner avec le reste du jaune d'œuf et saupoudrer de cumin. Déposer sur une plaque et cuire à four modéré jusqu'à ce que les bâtonnets prennent une belle couleur dorée.
Les bâtonnets peuvent tout aussi bien être confectionnés avec des noisettes hachées, au lieu du cumin.
Sans cumin, cette pâte est utilisable comme pâte à tarte.

Cake aux fruits ●

Enfin une recette de biscuit! Oui, mais il s'agit d'une concession pour les fêtes et les réceptions... c'est-à-dire pour des soirées d'exception.
Hachez grossièrement:

100 g de pruneaux secs
150 g d'abricots secs
150 g de raisins secs
150 g d'ananas déshydraté
100 g d'amandes
100 g de noisettes ou de noix

Mélangez longuement 2 œufs avec 500 g de sucre brun.
Ajoutez progressivement:

½ litre de lait écrémé
750 g de farine complète
un peu de levure sèche
une pincée de sel

Ajoutez à ce mélange les oléagineux et les fruits secs préalablement hachés, et faites cuire au four préchauffé à 190°, pendant 1 h 30.
Les proportions indiquées permettent de préparer 2 cakes de 30 cm. Ces cakes peuvent se conserver facilement pendant plusieurs jours, si vous prenez la précaution de les envelopper dans un linge. Ils peuvent également se congeler.

Galette de sarrasin

3 tasses de sarrasin moulu fin
1 pincée de sel marin
1 petite c. à thé de levure sèche
(procéder selon le mode d'emploi)
2 tasses d'eau
1 tasse d'huile de chardon
facultatif: raisins secs, noix, noisettes, pignons ou amandes moulus

Incorporer le mélange de sarrasin, de sel et de levure à l'eau. Ajouter l'huile et pétrir rapidement pour obtenir une pâte assez épaisse. Laisser lever. Abaisser la pâte à 2 cm d'épaisseur et la déposer dans une plaque à tarte. Cuire d'abord à four doux, puis à four chaud pendant environ ¼ d'heure, jusqu'à ce que la galette soit bien dorée. Consommée le lendemain, elle est encore meilleure.
Le blé et l'avoine peuvent être apprêtés de la même manière, mais la préparation demande alors un peu moins d'eau.
Il est possible de supprimer la levure pour ce genre de galette.
Selon vos goûts, ajouter à la pâte des raisins secs, pignons, noix ou amandes moulus.

Gâteau au sarrasin

250 g de sarrasin moulu
½ verre d'huile de chardon
½ verre d'eau ou de jus de pomme
1 pincée de sel marin
2 à 3 c. à café de sirop d'érable ou de sucre de fruits
abricots secs, dattes dénoyautées, noix, noisettes, noix de cajou, etc. hachés

Mélanger la céréale avec l'huile, le sel, l'eau ou le jus de pomme et laisser reposer 2 à 3 heures. Puis travailler la pâte un moment avec le sirop ou le sucre. L'additionner d'eau si elle est trop épaisse. Incorporer les fruits, noix, etc. de votre choix. Verser la pâte dans un moule graissé et glisser à four chaud. Baisser la température au cours de la cuisson qui doit être de 30 à 40 minutes au total. Le gâteau est cuit lorsqu'une aiguille à tricoter plantée à l'intérieur ressort propre.

Gâteau de fête

Pâte:
150 g de blé fraîchement moulu fin
150 g de farine mi-blanche
20 g de levure de bière fraîche
5 g de sel marin

100 g + 1 c. à thé de sucre de fruits
40 g de graisse végétale (diététique)
1 œuf
2 dl de lait tiède

Garniture:

120 g de noisettes hachées fin
1 jus de citron
3 c. à soupe de lait
un peu de sucre de fruits

Glaçage:

80 à 100 g de sucre de fruits
2 c. à soupe d'eau

Préparer une pâte avec tous les ingrédients mentionnés ci-dessus. Procéder comme vous le faites pour une pâte à tarte traditionnelle en notant que la levure, avant son utilisation, doit être intimement mélangée avec la c. à thé de sucre. Recouvrir d'un linge et laisser lever 1 à 2 heures dans un endroit tempéré et à l'abri des courants d'air.
Pendant ce temps, préparer la garniture qui servira à fourrer le gâteau, c'est-à-dire mélanger les noisettes, le citron, le lait et le sucre.

Diviser la pâte en 3 parties égales que vous abaissez en rectangles aussi longs que possible. Tartiner chacun d'eux avec la garniture et les rouler dans le sens de la longueur de manière à obtenir 3 rouleaux de longueur et de diamètre identiques. Bien les fermer à leurs extrémités pour que la garniture ne s'échappe pas. Façonner une tresse en commençant par croiser le rouleau du milieu sur celui de droite. Ce dernier se trouvera alors au centre et vous le croiserez sur le rouleau de gauche, etc. Une fois la tresse terminée, la disposer en forme de couronne que vous déposez dans un moule rond. Pour que cette couronne garde bien sa forme, vous pouvez placer une boîte ronde en son centre. Laisser de nouveau lever 2 heures dans les conditions habituelles.
Juste avant de glisser le gâteau au four, préparer le glaçage en travaillant bien l'eau et le sucre que vous aurez réduit en une poudre aussi fine que possible. Dès que la masse est bien lisse, glacer le gâteau, le parsemer de noisettes grossièrement moulues et le cuire au four (175°) pendant 35 à 40 minutes.

Petits biscuits aux céréales

250 g d'une céréale fraîchement moulue (orge, avoine, seigle, millet ou riz)
250 g de noix, noisettes ou amandes moulues
100 g de sucre de fruits
1 pointe de couteau de sel marin
1 c. à soupe de kirsch ou de jus de citron
gingembre ou cannelle
5 blancs d'œufs battus en neige très ferme

Mélanger tous les ingrédients sauf les œufs. Une fois la pâte bien homogène, incorporer délicatement les blancs d'œufs et pétrir rapidement. Laisser reposer une nuit.
Abaisser la pâte à 1 cm d'épaisseur et la découper à l'emporte-pièce. Déposer sur une plaque et glisser à four modéré pendant 15 à 20 minutes.

Petits biscuits genre «sablé»

250 g d'une céréale moulue très fin
50 g de graisse végétale (diététique)
1 pointe de couteau de sel marin150 g de sucre de fruits
1 c. à soupe de kirsch
1 œuf

Mélanger intimement la céréale à la graisse, incorporer le sel et le sucre, puis ajouter le kirsch et l'œuf. Déposer, à l'aide d'une cuillère, de petits tas de pâte sur une plaque, en laissant assez d'espace entre eux car la préparation s'étale à la cuisson. Cuire à four modéré pendant 15 à 20 minutes.

Tresse

200 g de blé moulu très fin
300 g de farine mi-blanche
40 à 50 g de levure de bière fraîche
1 c. à thé de sucre de fruits
30 g de graisse végétale (diététique)
2,5 dl de lait tiède
1 œuf
1 c. à café de sel marin

Réserver un peu de farine et mélanger le reste à la céréale. Incorporer soigneusement le sucre à la levure émiettée dans un peu d'eau tiède.
Disposer la farine et la céréale en couronne, au milieu de laquelle vous mettez la levure, la graisse, le lait, le sel et l'œuf (dont vous réservez le moitié du jaune). Confectionner la pâte en la travaillant légèrement.

Si elle n'a pas suffisamment de consistance, ajouter la farine que vous avez mise de côté.
Recouvrir d'un linge et laisser lever pendant 1 à 2 heures dans un endroit tempéré, à l'abri des courants d'air. Façonner la tresse et laisser de nouveau lever pendant 2 heures dans les mêmes conditions. Badigeonner la tresse avec l'autre moitié du jaune d'œuf et glisser dans le four préalablement chauffé à 225°. Une fois enfournée, la tresse doit cuire 20 à 30 minutes à une température de 175°.

Tuiles à l'avoine

250 g de farine d'avoine
100 g de farine mi-blanche
100 g d'amandes ou de noisettes fraîchement moulues
1 pointe de couteau de sel marin
100 g de sucre de fruits
1 c. à soupe de kirsch ou de jus de citron
1 à 2 blancs d'œuf battus en neige

Rôtir l'avoine légèrement, sans corps gras, avant de la moudre. Mélanger sa farine avec la farine mi-blanche et les amandes (ou noisettes). Incorporer le sel et le sucre, puis ajouter le kirsch ou le jus de citron, ainsi qu'un peu d'eau froide pour que la pâte, après l'adjonction des blancs d'œufs, reste liquide. Déposer, à l'aide d'une cuillère à soupe, de petites quantités de pâte sur une plaque et cuire à four modéré pendant 5 minutes environ. Donner leur forme aux tuiles en les appliquant, encore chaudes, sur le rouleau à pâte ou sur une bouteille.

DIVERS

Gomasio ●

1 part de sel marin
(10 g par exemple)
10 parts de sésame complet
(100 g par exemple)

Rôtir légèrement le sésame avant de le moudre *avec* le sel. Ce mélange constitue un assaisonnement dont chaque convive peut se servir à table.

Moutarde de maison ●

100 g de graines de moutarde moulues aussi fin que possible
1 dl de vin blanc sec
2 à 3 c. à soupe d'huile de chardon
1 c. à café de miel
facultatif: estragon et basilic frais

Mélanger la moutarde, le vin et l'huile de chardon. Ajouter le miel et malaxer longuement. Si la moutarde est trop épaisse, incorporer encore un peu de vin et d'huile jusqu'à ce que sa consistance soit satisfaisante.
La moutarde peut être parfumée avec de l'estragon ou du basilic frais que vous aurez fait macérer pendant quelques jours dans du vinaigre.

La santé n'est pas seulement un droit, mais avant tout un devoir moral. Si on admet cela, il faut que chacun travaille activement à la maintenir ou à la recouvrer.

Carl Fauser

CHAPITRE XIV

Conclusion

Vous connaissez maintenant la manière la plus efficace de vous nourrir. Il ne me reste plus qu'à vous souhaiter, tout en améliorant votre état de santé, d'avoir le plaisir de découvrir, jour après jour, que vous pouvez manger sainement... de bonnes choses, et des mets tout aussi agréables à l'oeil qu'au palais. A vous de jouer!

Votre entourage vous apportera sans aucun doute le soutien de son affection et une aide directe en participant, pour son plus grand bien, à cette hygiène alimentaire. Mais n'oubliez pas que son succès final dépend en définitive de vous seul, de VOTRE volonté de guérir et de votre désir de vivre.

Selon votre état général, vous pourrez aussi éprouver le besoin – ou la nécessité – de recourir à des méthodes de soutien telles que la sophrologie, le yoga ou la méthode Vittoz. Ces techniques peuvent vous être d'un grand secours en vous aidant à vous relaxer, à trouver ou à retrouver le sommeil et à apprendre à respirer correctement. Vous aurez aussi peut-être besoin de fortifier votre musculature en pratiquant régulièrement et progressivement une activité sportive telle que la marche, la gymnastique, la natation, le vélo, ou le ski de fond. Ces activités seront une aide précieuse pour retrouver une bonne forme physique.

Toutes ces pratiques font partie des thérapeutiques que la doctoresse Kousmine préconise et, pour les illustrer, je vous conseille de lire l'excellent livre de Christiane Lettry: «Retour à la Vie» (voir bibliographie).

Et maintenant, bon appétit!

L'obligation de subir me donne le droit de savoir. Dr Katase (Japon)

CHAPITRE XV

Annexes

LES ADDITIFS ALIMENTAIRES

Les additifs alimentaires font beaucoup parler d'eux et le moins qu'on puisse en dire est que les avis à leur sujet ne sont pas unanimes. Plusieurs livres leur ont été récemment consacrés et Madame Kousmine en parle dans son dernier livre (cf «Sauvez votre corps» – Editions Laffont – Paris) dans un chapitre fort intéressant.

A la fin des années quarante, le Professeur Fleisch de la Station fédérale d'essais agricoles, alors à Lausanne, expliquait, lors d'une conférence, que les additifs alimentaires que l'on disait inoffensifs pourraient bien un jour être déclarés dangereux pour notre santé et se retrouver sur le banc des accusés. Il nous laissait entendre qu'en cette matière, rien n'est jamais définitif. Or, la suite de l'histoire nous montre qu'il avait raison. A ce sujet, comme pour beaucoup d'autres du reste, l'homme me fait penser au fameux apprenti-sorcier de la célèbre ballade de Goethe, qui, ayant déclenché un certain phénomène, ne sait pas comment le maîtriser...

Fort heureusement, quelques produits alimentaires sont fabriqués maintenant sans additifs, alors que précédemment, on essayait de nous persuader du contraire (je pense par exemple à une certaine moutarde). Cela est dû, je pense, à la pression de l'opinion publique. Il faut que ce phénomène se répète et qu'on trouve de plus en plus des produits vierges de toute adjonction chimique. Notre pression ne doit donc pas se relâcher et nous devons refuser les nourritures dont les emballages sont truffés d'indications telles que: colorants, épaississants, émulsifiants ou autres liants. Nous devons informer aussi bien les vendeurs que les fabricants.

Les additifs sont des produits de synthèse, donc chimiques, donc **non-naturels.**

Or, nous sommes des êtres vivants créés pour nous nourrir le plus souvent possible d'aliments vivants et non-dénaturés.

Tout produit de synthèse, réputé inoffensif ou pas, est contraire à notre nature. Gardons-les donc, autant que faire se peut, pour le jour où ils nous seront ordonnés par la Faculté sous forme de médicaments.

RÉPERTOIRE DE QUELQUES ADDITIFS ALIMENTAIRES

Les additifs alimentaires comprennent:

les colorants
les antioxydants
les agents de conservation
les émulsifiants
les gélifiants et épaississants
les agents antiagglomérants
les acides, bases, sels
les exhausteurs de saveur
les préparations enzymatiques
les substances de traitement en surface

et autres additifs divers

E 102 = Tartrazine (jaune)
E 110 = Jaune orangé S
E 120 = Cochenille, acide carminique (rouge)
E 123 = Amarante (rouge)
E 124 = Ponceau 4 R (rouge)
E 127 = Erythrosine (rouge)
E 211 = Benzoate de sodium
E 220 = Acide sulfureux (anhydride sulfureux)
E 262 = Acétate de sodium
E 263 = Acétate de calcium
E 330 = Acide citrique
E 407 = Carraghenane
E 450a = Diphosphate (pyrophosphates) de sodium et potassium
E 450b = Triphosphate (penta) sodique
E 450c = Acide polyphosphorique et polyphosphate de sodium et de potassium
E 470 = Stéarates d'ammonium, de sodium, de potassium, de calcium, d'aluminium, de magnésium ou
E 470 = Sels alcalins de l'acide oléique
E 131 = Bleu patenté V
E 141 = Complexe cuivre chlorophylle et cuivre chlorophylline (vert)
E 142 = Vert acide brillant BS et vert lissamine
E 150 = Caramel (brun)
E 153 = Carto medicinalis vegetalis (noir)
E 171 = Dioxyde de titane (blanc)
E 172 = Oxydes et hydroxydes de fer (rouge à jaune)
E 173 = Aluminium
E 210 = Acide benzoïque
E 212 = Benzoates de potassium
E 213 = Benzoates de calcium
E 214 = Ester éthylique de l'acide p-hydroxybenzoïque
E 216 = Ester propylique de l'acide p-hydroxybenzoïque
E 215
E 217
E 219
dérivés de l'acide p-hydroxybenzoïque
E 221 = Sulfite de sodium
E 222 = Hydrogénosulfite de sodium
E 223 = Disulfites (pyro- et métabisulfites) de sodium
E 224 = Disulfites de potassium
E 338 = Acides (ortho-) phosphoriques
E 339 = Monophosphates de sodium
E 340 = Monophosphates de potassium
E 341 = Phosphate tricalcique (basique) et monophosphate de calcium
E 460 = Cellulose microcristalline
E 461 = Méthylcellulose
E 463 = Hydroxypopylcellulose
E 464 = Hydroxypopylméthylcellulose
E 465 = Méthyléthylcellulose
E 477 = Les esters des acides gras alimentaires du propylèneglycol (propanédiol 1.2)

Source:
Ordonnance sur les additifs admis dans les denrées alimentaires du 20 janvier 1982 et communiquée par le département fédéral de l'intérieur.

BIBLIOGRAPHIE

C. Kousmine	*Soyez bien dans votre assiette jusqu'à 80 ans et plus* (Ed. Tchou, Paris) *La sclérose en plaques est guérissable* (Delachaux & Niestlé)
Adelle Davis	*Les vitamines ont leurs secrets* (Ed. Tchou, Paris)

Deux livres majeurs, à avoir absolument sur sa table de chevet.

Christiane Lettry	*Retour à la vie, témoignage d'une malade atteinte de sclérose en plaque.* Chez l'auteur, Pâquis 32, 1200 Genève
Dr Frank Mirce	*Oligo-éléments et santé de l'homme* (Andrillon, excellent complément au livre de A. Davis)
Dr E. G. Peeters	*Le guide de la diététique* (Marabout Service N° 166)
Dr Jean Palaiseul	*Nos grand-mères savaient*
Bircher-Brenner	*Jus de fruits et crudités* (V. Attinger SA, Neuchâtel, Suisse)
C. Fauser	*Jus de légumes, jus de fruits* (V. Attinger, Neuchâtel, Suisse)
D. Koechlin-Schwartz et Martine Grapas	*Guide de l'anticonsommateur* (Livre de poche pratique 7700)
*	*Le monde de la cuisine au séré* (Edité par Centrale de propagande de l'Industrie laitière suisse, Berne)

Les 5 derniers livres ci-dessus vous apporteront des idées pour renouveler vos menus

J. Valnet	*Traitement des maladies par les légumes, les fruits et les céréales* (Ed. Maloine, Paris, cite les travaux de la doctoresse Kousmine)
Dr Yves Vivini	*Le jeûne et les traitements naturels*

S. Truffaut — De la diète au jeûne (Ed. Retz)

L. Bron-Velay — *Pratique de la méthode Vittoz* (Ed. du Levain, 1, rue de l'Abbé Grégoire, Paris VIe)

Le conscient chez Vittoz (Ed. Tequi, 82, rue Bonaparte, Paris VIe)

Le Dr Vittoz et l'angoisse moderne (Ed. du Levain, Paris). Excellente méthode de contrôle cérébral et de relaxation, bien adapté à l'homme du monde occidental, mais hélas! encore trop méconnue

A. van Lysebeth — *Je perfectionne mon yoga* (Ed. Flammarion). Vous trouverez dans ce livre une intéressante méthode de lavement complet.

INDEX

R

S

T

U

V

Y

TABLE DES MATIÈRES
des recettes culinaires

Légumineuses

Salades et légumes crus

Légumes

Biscuits

Divers

TABLE DES MATIÈRES

Première partie

Manger sainement... pour bien se porter

Deuxième partie

Manger sainement... et guérir

Troisième partie

RECETTES DE CUISINE

Achevé d'imprimer
pour le compte des Editions Delachaux & Niestlé S.A.,
sur les presses des Remparts S.A. – Yverdon-les-Bains
3e trimestre 1988

Imprimé en Suisse